逆转思维

张 俊◎著

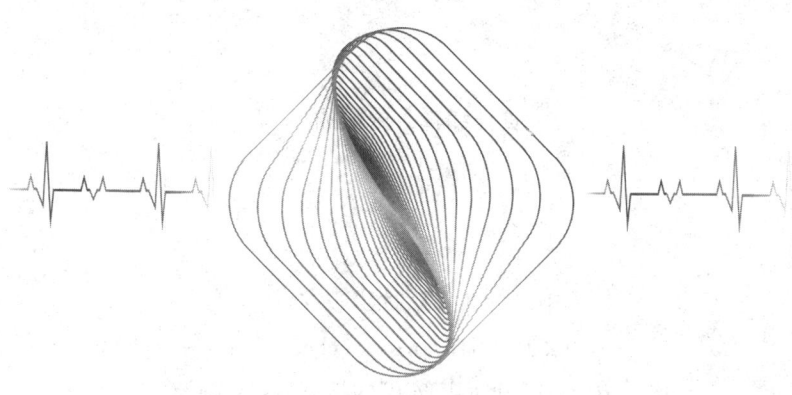

中国商业出版社

图书在版编目（CIP）数据

逆转思维 / 张俊著. -- 北京：中国商业出版社，2019.5
ISBN 978-7-5208-0768-5

Ⅰ.①逆… Ⅱ.①张… Ⅲ.①思维方法—通俗读物 Ⅳ.①B804-49

中国版本图书馆CIP数据核字（2019）第097065号

责任编辑：朱丽丽

中国商业出版社出版发行
010-63180647　www.c-cbook.com
（100053　北京广安门内报国寺1号）
新华书店经销
香河县宏润印刷有限公司印刷

*

880毫米×1230毫米　32开　8印张　170千字
2019年7月第1版　2019年7月第1次印刷
定价：39.80元

****

（如有印装质量问题可更换）

比尔·盖茨曾说过:"人与人之间的区别,主要是脖子以上的区别——思维方式决定一切!"思维可以影响和改变人类的认知,尤其是逆向思维,可以提升一个人的创造力以及解决问题的能力。伟大的代数学家卡尔·雅各比经常说:"反过来想,总是反过来想。"

对一个人的发展或成功而言,最可怕的就是零思维。什么是零思维,就是"想当然"思维,或是惯性思维。小到解决一个问题,大到成就一番事业,要想做得更优秀,必须要具备逆向思维能力。

那什么是逆向思维?当所有人都朝着一个固定的思维方向——从上到下、从小到大、从左到右、从前到后、从低到高等常规的序列方向思考问题时,你却逆着这个方向思考,这样的思维方式就叫逆向思维。客观世界存在着互为对立的事物,由于事物存在、发展的正反向,才产生思维的正反向。也就是说,正反向思维起源于事物的方向性。所以,正向思维与反向思维是相对而言的。

生活中,人们习惯沿着事物发展的正方向去思考问题并寻找答案。其实,对于一些较特殊的问题,从结论往回推,做逆向思考,反而更容易找到答案。

在我们的潜意识中,正向思维是一种快速、便捷的思维方式,所以在遇到问题时,很少有人会直接启用逆向思考力。那么,到底该在何种情境下启用逆向思考力，启用时又该使用怎样的思维模式呢？并不是每个人都想过这个问题，即使想到了，头脑中的概念、逻辑也很模糊。

马云说："倒立看世界，一切皆有可能。"牛根生说："不管螺丝如何设计，正向拧不开的时候，反向必定能拧开。"可见，反转思考是一个强大的"思维工具"。

有这样一个小故事：

一位客人向电影院的老板抱怨："播放电影时，你可不可以让那些戴着帽子的人摘掉帽子？后排人的视线经常被挡住，什么也看不见。"听客人这么说，老板有些为难。如果他强制那些戴帽子的客人摘下帽子，一定会引起他们的不满。

那该如何让客人心甘情愿地摘掉帽子呢？最后，老板想到了一个方法，他在影院最显眼的地方贴了一个公告，上面写着："本影院提供人性化服务，特许老幼病残戴帽观看。"

从公告贴出来那天起，就再也没有观众戴着帽子看电影了。在这个故事中，老板通过逆转思维，只用一张公告就巧妙地解决了问题，而没有强制观众摘下帽子。

方法总比问题多，当此路不通的时候，我们不妨走走彼路，换种思维方式。

当我们困于常规，困于常识时，换个角度就会有不一样的感受。
当我们遇到难题，遭遇瓶颈时，换个思路就会有不一样的结果。
当我们努力付出，却原地踏步时，换个做法就会有不一样的效果。
当我们生活受挫，情感出现危机时，换个活法就会有不一样的幸福。

人生总要反着来！学会逆转思维、逆转逻辑，不但可以解决生活、人际、职场、情感、事业中的许多问题，而且可以帮助我们发现一个全新的自己、一个全新的世界。

目录 CONTENTS

1 努力不是优势，让你变优秀的是思维
顺着来不行，就倒过来试试 ... 002
身体的勤奋弥补不了思维的懒散 ... 006
思维逆转，才能带来"认知升级" ... 011
缺点是放错了位置的优点 ... 014
不按套路来，才是最好的套路 ... 017
成功的门，用任何方式都可以打开 ... 020
别只做单向思考，路的旁边还有路 ... 024

2 不是你笨，是你掉进了思维的"坑"
跳出思维的坑，别被习惯拴死 ... 030
你的不自信，源于你的"想当然" ... 034
要想知道，打个颠倒 ... 038
反向思考，问题就是你的机会 ... 041
抱怨时，先做一个反向思考 ... 044
在变化中，追随不变 ... 048
反过来看，"小"里面藏着"大" ... 051

3 "错误",是通向"正确"的桥梁

成功不是做了大事,而是避免大错 ... 056

英明地犯错,打开发现之门 ... 059

没有问题,就没有思考 ... 062

犯错不可怕,勇于走别人想不到的路 ... 065

正确答案往往藏在对立面里 ... 068

换个思路,让别人去伤脑筋吧 ... 071

三维世界里,别用二维方式思考 ... 075

4 正话反说,高情商表达更服人心

反向切入观点,对方更容易接受 ... 080

避免尴聊,逆转思维找话题 ... 083

反逻辑说服,更有说服力 ... 087

让他听你的,不是证明"你错了" ... 090

要多听少说,别"你听我说" ... 094

最好的拒绝,就是"不想拒绝" ... 097

5 为人圆融非奸佞,有时太实在会误事

做人圆融,事情才能圆满 ... 102

换个角度看,吃亏也是占便宜 ... 105

可以没有架子,但要有姿态 ... 109

别人表达不爽时,不要"帮腔出气" ... 113

欲改变外部世界,先改变内心世界 ... 117

6 思维扭转180度，做职场明白人

不要只会忍，也要懂得冷 ... 122
正确理解领导的本意 ... 126
丢弃巨婴思维，不做职场宝宝 ... 128
想要合作，先要清楚为什么不合作 ... 132
"坏老板"才是真正的"好老板" ... 136
与其低效率勤奋，不如有效地偷懒 ... 140
别怕被利用，就怕你没用 ... 145

7 逆转情感思维，玩转情场人生

不会逆转思维，别说你懂感情 ... 150
直男谈恋爱，智商是道坎儿 ... 153
学会了"被动"，才能掌握主动 ... 157
你不努力，拿什么貌美如花 ... 160
让感情受伤的不是时间，是僵化的思维 ... 163

8 不是生意变难，是你的思维落伍了

好生意不分行业，只看头脑 ... 168
买卖好不好，不在努力在思路 ... 172
推销优点，不如亮亮"缺点" ... 176
顾客要的不是便宜，是占便宜的感觉 ... 179
要想躺着赚钱，就要有"躺着"的思维 ... 183
逆转销售思维，找到成功捷径 ... 186
垃圾，是放错了地方的"宝贝" ... 190
健身房的传单，永远要发给身材好的人 ... 193

9 逆着看逆境：新出路在于反思路

逆境是成功路上的请柬 ... 198
反转思维，才能反转人生 ... 201
做事别教条，反逻辑才能破局 ... 205
生活本没那么糟，多反向看问题 ... 209
困难在哪儿，机会就在哪儿 ... 212
要反转思维，不要诅咒压力 ... 216
需要"坚持"的多了，幸福就少了 ... 221

10 方法对了，提前"锁定"正确答案

目标逆向法：从结果倒推过程 ... 226
方位逆向法：理解不同，结果就不一样 ... 230
心理逆向法：一切禁止都意味着加强 ... 233
方法逆向法：倒过来，答案就出现了 ... 236
过程逆向法：在更高层次上统一和转化 ... 240
因果逆向法：倒因为果，倒果为因 ... 243
对立互补法："逆向"是一种"互补" ... 246

1

努力不是优势，让你变优秀的是思维

人的大脑是思考的吝啬鬼，如果有一套现成的做事模式，那么大脑会选择直接执行，而很少会进行深入的思考。如此，看似节省了脑力，却经常需要付出更多的努力。如果能够逆转思维，从固有的思维模式中跳出来，不但会创造更多的"可能"，也往往会打开成功之门。

顺着来不行，就倒过来试试

经验告诉我们：固化的定向思维、传统思维和惯性思维，并不是在所有情况下都是科学、正确、高效的思考方式。在有些特殊情况下，顺向走不通，就倒过来试试，从问题的对立面思考，没准儿能独辟蹊径，突破瓶颈。这也是逆向思维的精妙之所在。

那逆向思维是一种怎样的思维呢？

逆向思维也叫求异思维，它是对司空见惯的似乎已成定论的事物或观点反过来思考的一种思维方式。当所有人都朝着一个固定的思维方向思考问题时，而你却独自朝相反的方向思索，这样的思维方式就叫逆向思维。

心理学中有一个经典的实验已经证明，大多数人倾向于从正面思考问题，而忽略了反面入手可能会使问题得到更好的解决。让我们看看这个实验是如何进行的。

先给被试者看四张卡片，卡片如下：

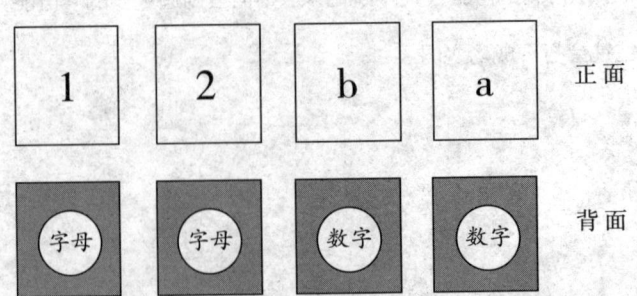

被测试者只可以看卡片的正面，之后告诉他："偶数后面是原音字母。"让他们思考这句话是否正确。他们可以翻开四张卡片中的任意一张或几张，当然，翻看的卡片数要尽量少。

在测试中，大部分人会翻开第二张卡片和第四张卡片。其实，这种做法是不正确的。正确的做法是：翻看第二张和第三张。但是，很少有人会这么做。这是为什么呢？因为大多数人都习惯正向思考问题，忽略了问题的反面。翻看第三张卡片就是从反面思考。

像古希腊的阿基米德发现浮力定律、三国时期的曹冲称象，都是跳出常规思维束缚，运用逆向思维的结果。孙膑通过添兵减灶，造成一种撤兵的假象，从而迷惑了庞涓。诸葛亮却用相反的方法——减兵增灶，摆出一副大兵压境的态势，从而骗过了司马懿，真可谓是"思维无定势"。

小刘曾加入一个程序员QQ群。平时，他很少在群里说话。一次，有人提出一个问题：如果从一千米高空往下倒一桶水，会不会把下面的人砸死？一时间，群里热闹起来，有人说要根据重力、质量、阻力设计个模型，有人说要编个程序计算一下……小刘轻轻地打了一行字上去："你们没有淋过雨吗？"

顿时，群里的人都不说话了。过了一会儿，小刘被管理员踢出了群。

换个角度思考，一些所谓的问题，其实根本算不上问题。虽然知识可以给我们带来许多种思考方式，但是能让我们快速解决问题的，却往往是经验。当然，经验往往受困于思维方式。同样一件事，善于从正反两个方向考虑问题的人，所得的经验往往更为丰富。

很多人在从事带有创意的工作，如文案、图文设计、营销策划等。让他们最头疼的不是工作本身有多累，而是找不到灵感。有时候，拍肿了脑门也想不出好的方案；有时候，吃着烧烤，撸着羊肉串，灵感就来了。为什么？很重要的一个原因是逆向思维。

1972年12月23日，尼加拉瓜共和国首都马那瓜发生了大地震，整座城市瞬间变成一片废墟。让人感到惊奇的是，在一片瓦砾中，唯独18层的美洲银行大厦安然屹立，而大厦正前方的街道却出现了一条明显的裂痕。

这座大厦的设计者正是著名工程结构专家美籍华人林同炎。他在设计美洲银行大厦时，想过各种方法来提高建筑的抗震强度，但是无论如何都无法解决建筑材料在强大外力下不变形、不开裂的问题。就在他一筹莫展之际，突然想到：既然正面不能彻底解决防震问题，为什么不倒过来想想呢？

于是，经过精心的测算，他决定采取框筒结构。这种结构和一般的结构不同，具有刚柔相济的特点：在正常受力的情况下，建筑物具有足够的抗压力；如果受到突如其来的强大外力时，房屋内部结构中某些次要构件会开裂，这样，可以瞬间减轻房屋承受的压力，进而保护主体结构的完整。

这种以房屋次要构件开裂的代价来换取避免建筑物倒塌的设计思想，完全突破了常规的思维框架，以及以刚对刚的正向思维模式，从而创造了建筑史上的奇迹。

与正向思维最大的不同，逆向思维是挑战常规，甚至提出违背常规的观念。许多时候，我们都会受困于一些常识，专家说什么，我们就信什么，权威怎么讲，我们就怎么做。如果有人质疑，我们也会理直气壮地怼回去："你以为你是专家啊？！"

有个老年人，30年前他就听专家说："吃素是一种养身之道，尤其是上了年纪的人，一定要少荤多素。"他深信不疑。30年来，他完全戒荤，饮食清淡。有一次，他不小心摔了一跤，结果骨折了。医生检查后说："可别再只吃清淡的了，骨头都像泡沫了。"医生详细解释了原因。但是，老人很难接受这位医生的观点。

古语云："尽信书，不如无书。"说的也是这个道理。任何问题，都要学会从正反两个方面来思考，如果顺向行不通，就倒过来试试。有些常识，嘴上是可以证明的，但是却没办法付诸实践；有些常识也是事实，是板上钉钉的，不能靠感觉去猜；有些常识过去是"正确""可行"的，但随着人们的认识或技术的进步，现在是错误的，或是行不通的。

所以，应用逆向思维，也要因人因事因情而异，不能钻牛角尖儿：牛吃草为什么不瘦呢？狼吃肉却不胖呢？熬夜对身体不好，为什么不让猫头鹰熬夜，反倒是一种精神折磨呢？答案只能是：逆向思维不是反事实，不能指鹿为马，它是一种灵活的思维方法，只有认识到这一点，才能有效发挥它的作用，否则就容易步入思维的死胡同。

身体的勤奋弥补不了思维的懒散

一个人犯错误，或者失败都不可怕，可怕的是，他对待错误和失败的态度。生活中，为什么有些人能举一反三，而有些人却一再犯同一个错误？其中最直接的原因，就是思维懒惰。如果寄希望于用肢体的勤奋来弥补或掩盖思维的懒散，只能产生一个结果：低效率的勤奋。

许多人一事无成，活得很平庸，就是因为大脑懒。事业有成的人，没有一个是不勤奋的。这里的"勤奋"有两种：一种是身体上的勤奋，另一种是思维上的勤奋。身体上的勤奋很容易看出来，而思维上的勤奋，很少会被觉察到。

今天，给我们生活带来便捷的冰箱、空调、洗衣机等，都归功于一个伟大的科学家——迈克尔·法拉第。有一次，法拉第做即兴演讲，为观众演示电磁感应现象。刚开始，人们还不了解这一现象，其中有一位妇女产生了这样的疑问："这个东西有什么用？"法拉第这样回答："夫人，一个新生的婴儿有什么用呢？"

其实，生活中的许多人都与这位妇女一样，虽然他们很努力、很勤奋，但是对新问题、新事物有一种天然的抵触，且不愿意改变自己固有的思维模式。有一个年轻人，一时心血来潮，买了很多书回来。但是，他用大把的时间游玩、社交，却很少抽时间读书。对他来说，买书这件事很容易，但是要看书就比较困难了。更为困难的是，让他深入理解书中的方法，掌握书中所讲的技术，并运用于具体工作中。

不管做好一件事，还是干好一份事业，如果思维懒惰，注定碌碌无为。思维懒惰的人，在现实生活中通常会表现出以下几种思维特点：

（1）不愿打破原有的逻辑框架

当他们的观点或是意见被质疑、否定，或是遇到挑战时，他们首先想到的不是"对方的合理之处在什么地方""对方的理由是什么"，而是不假思索地反驳，或是习惯性地接受。对别人的观点，他们既不愿意用一种全新的思考模式来分析，也不愿意打破自己固有的逻辑框架，更不愿用对方的逻辑框架来思考。

A君有一个习惯，在接受领导交代的工作时，不管领导说什么，都是"是""好""对"。

领导问："你还有什么意见？"

他说："没有了。"

领导问："对了，你看三天时间能完成吗？"

"没问题。"

领导想了想，又改主意了："我看三天时间有点紧，一周怎么样？"

"可以。"

他觉得这是在服从领导的安排，其实领导心里会想：到底多长时间合适，你心里没有谱吗？给你一个月时间呢？

要知道，领导这么说，很可能是在委婉征求他的意见。如果他能打破在领导面前一味"服从"这种思维模式，确切地告诉领导，这件工作需要完成哪些工序，会遇到哪些困难，具体需要多少时间，那留给领导的印象就不一样了。

许多时候，我们都需要打破原有的思维框架，根据当前的情况重新构建思维逻辑框架，这样，才能把握住问题的关键。

（2）不能深入透彻地分析一件事情

遇到事情不愿意深入分析，经常做到"大概""也许""可能""差不多"就好，而不去梳理事情的脉络，去推敲每个环节之间的逻辑关系。这也是一种典型的思维懒散的表现。

在公司的月度会议上，当谈到上个月的销售情况时，董事长让销售一部的A经理先总结一下该部门的情况。A经理说："总的来说，还是很不错的，这个月虽然部门少了几个人，但是业绩还是有了大幅的提升。我想，如果再吸纳一些优秀的新人进来，我们下个月的业绩应该会更好，嗯，对了……"

董事长说："长话短说，直接点，上个月的销售额是多少？"

A经理翻了翻本子，说："我记得好像是200来万吧。"

董事长说："现在请销售二部的B经理来谈下你们部门的情况。"

B经理说："上个月我们部门的销售额是354万，同比增长13.6%，销售成本89万，同比下降19%，在员工培训方面，部门支出13万……"

而且，B经理还结合PPT、各种报表给大家直观展示部门的运营情况，让人一目了然。

很明显，相比之下，B经理对部门的运营情况做了深入的思考与分析，A经理只是泛泛而谈。敬业度对比昭然若揭。

思维懒散，肢体再勤奋也解决不了核心问题、瓶颈问题。只有深入分析一件事，分析透彻，才能抓住问题的本质，才能避免犯一些低级错误。

（3）不会采用逆向思维

大多数人都习惯正向思维，即按正常的逻辑来分析、推理一件事情，而脑勤的人善于"反其道而思之"，从结论往回推，使问题简化。

罗非很喜欢思考。在公司的年会上，部门经理说："我给大家出一道题，谁最先答上来，奖手机一部。题目是这样的：甲30元进了一双鞋，零售价40元。一位顾客买鞋，递给他一张100元人民币，甲找不开，便去找人将这100元拆开，然后找给了这个顾客60元。后来拆钱的人发现这100元是假币，甲只好又重新给了那人100元。请问，甲一共损失了多少钱？"

有人说"100元"，有人说"70元"，答案五花八门。罗非说："一双鞋加60元。"最后他得到了一部手机。

如果按常规思维，只有20%的人可以答对这道题。虽然采用财务上收支两条线的方法也可以算出答案，但是还有一种更简单的方法，就是采用逆向思维：甲损失的钱，正是顾客赚走的钱。

许多看似复杂的问题，如果能用逆向思维来思考的话，会少走许多弯路，使问题变得简单。

在现实生活中，相对于肢体勤奋的人来说，思维勤奋的人更有优势。一个人可以用思维的勤奋来弥补身体上的懒惰，但是不可以用身体上的勤奋来掩饰思维上的懒惰。否则，只会成为一个低效率的忙碌者。生活中,处处都有这样的人,总是忙得没时间吃饭,没时间睡觉,却常年在原地踏步。

  优秀的人,不但身体勤奋,思维也很勤奋。他们多数时候能做正确的事,能正确地做事,有格局,有眼界,很少会犯重复的错误,是高效率的勤奋者。

① 努力不是优势，让你变优秀的是思维

思维逆转，才能带来"认知升级"

人的认知，通常是指对自身的感知与认识，以及对整个世界的感知与认识。认知的过程也是一个人成长的过程。人与人之间的差距，本质上是认知的差距：拥有多少清晰的概念，建立了多少正确的价值观，总结了多少有效的方法。在现实生活中，概念、价值观、方法等，是每一个人都需要不断去思考、总结的东西。

爱因斯坦曾说过这样一段话："如果能给我1个小时的时间，让我解答一道决定我生死的问题，我会花55分钟来弄清楚这道题到底是在问什么。一旦清楚了它到底在问什么，剩下的5分钟足够回答这个问题。"

对事物、自身、世界的认知，最能体现一个人的水平与能力。如果一个人对问题的认知不够，或是认知本身就是错误的，那怎么期望他会做出正确的回答呢？

《一九四二》是冯小刚导演的一部电影，故事讲述的是1942年河南大旱，百万百姓外出逃荒的历史事件。逃荒大军中有一位地主，名叫范殿元。离开家3个多月，终于到了潼关，但此时车没了，马没了，连车上的家人也没了。尽管一无所有，但范殿元还是对他的长工说："等到了陕西，站稳了脚，就好办了。我知道，怎么从

011

一个穷人变成财主。不出十年,你大爷我还是东家。"

在那样的情景中,范殿元却如此自信,这种自信正是源于他的认知:他知道如何从一个穷人变成财主。在人人都想着怎么活下来的时候,他却在想如何再次成为东家,这就是一种逆向思维。

不善逆转思维的人,在行为上有一个特点,即面对困难,接受一件没有尝试过的任务,或做一件不顺手的事情时,要么面露难色,要么在心里打退堂鼓,而且嘴里还为各种"不可能"辩护。因为一个人的行为永远不可能超过他的认知,他的认识就那么高,又怎能寄希望于他能做出高于其认知的事情呢?他们习惯用现有的方法、经验、资源条件,去看待与评估具有挑战性的事情、任务,所以看到的障碍要多于机会。

具体来说,习惯于顺向思维的人,在认知过程中常常会体现出如下几种思维特点:

(1)自我设限。他们受限于自己了解与熟悉的事,受限于"有多大能力办多大的事""有什么资源做什么事"的观念。所以,不愿意改变现状,尝试新的方法,更不愿意冒险去挑战自己认为"不可能"的目标。

(2)轻言放弃。稍微遇到一点挫折,就会把困难放大,浅尝辄止,不想如何进取,只想放弃后如何保全自己。

(3)认识肤浅。如同读书断章取义,他们不善于分析事情的前因后果,看问题只看表层,思考、解决问题缺乏系统的思路。

(4)相信直觉。喜欢带着感情看待身边的人与事,对事物缺少理性的分析,更多是靠直觉判断。

受困于上述几个特点,这些人会形成自己的一套认知模式,即顺思维、浅思维，对事物缺少深度认知。所以，即使他们很勤劳，也不足以弥补他们思维上的缺陷。

而习惯逆思维的人，在对事物的认知过程中会表现出如下特点：

（1）应该思维。做一件事情之前，不是先想能不能做，而是该不该做。必须做的事，即使面临责任、竞争、机会、危机，也会去做，不该做的事，坚决不做。一件事情该不该做，不取决于自己的感觉与欲望，而是根据一些做人做事的价值观与成功法则进行判断。如果出发点错了，即使事情做得再漂亮也没有用。

（2）可能思维。思维不能受限于自己的经验与资源、条件，也不会局限于自己的时间、利益。考虑的受限因素多了，思路就难以打开，就会失去想象力与创造力。遇到问题，多倒过来想，多看到"可能"，超越自我，超越眼前，会发现到处都是机会。

（3）倒推思维。通过目标来层层倒推，进而找到问题的解决方法。不管是多么深奥、难解的问题，都可以通过倒推思维打开视野，找到正确的方向和正确的方法。可以说，倒推思维也是"化难为易"思维——把看似不可能的复杂事情，分解成一些较容易解决的小事情。然后，积小胜为大胜，化平凡为卓越。

（4）求己思维。不管遇到什么问题，首先想到的不是求助别人，或是把责任推给别人，而是与自己较劲，从自己身上找原因，从改变自己入手。

所以说，逆思维是一种突破思维、超越思维。认识的升级，必然以思维的改变为前提——能看到别人看不到的东西，能看懂别人看不懂的逻辑，能想到别人想不到的方法，只有这样，才能不走寻常路，才能找到解决问题的捷径。

缺点是放错了位置的优点

在这个世界上，所有事物都具有两面性，就像一枚硬币有正反面一样，没有绝对的好，也没有绝对的不好。而且，事物之间是可以互相转化的。例如，金属腐蚀是一种坏事，但人们利用金属腐蚀原理进行金属粉末生产，或进行电镀，这无疑是利用缺点进行逆向思维的一种应用。

美国有一种番茄酱，与同类产品相比，黏稠度高，许多家庭主妇认为，这种酱使用起来很不方便。所以，它的市场前景不被看好。刚开始，经销公司也想调整配方，以降低黏稠度，但又觉得困难较多，且风险较大。

后来他们换了一种营销思路：把产品的缺点作为优点。因为浓度高，说明番茄酱的水分少，营养更加丰富，味道更加纯正。

于是，他们将注意力集中在番茄酱的这个特点上，并加大了宣传推广力度。很快，就打开了市场销路，且市场占有率逐月上升。

一个产品的缺点可以被转化为优点，并通过大规模的宣传被客户接受。那么，一个人的"缺点"是否能被转化为优点呢？当然可以。这种思维方法并不以克服人的缺点为目的，相反，它是将劣势转化为优势，进而化被动为主动，化不利为有利。

在现实生活中，优点与缺点有时没有明确的界限，更何况，判断一个人的优点和缺点，本来就要因人而异，所谓"仁者见仁，智者见智"。比如，有的人喜欢标新立异，从另一面来看，是有创新意识；有的人爱管闲事，从另一方面看，是热心肠；有的人爱抬杠，从另一面看，是思维敏捷，有主见，有思想；有的人做事比较慢，换个角度看是认真细致。所以，优点和缺点是共存的。从一个角度看，优点可能是缺点，换个角度看，缺点可能又是优点，或者缺点中隐藏着优点。

有位家长带着自己的孩子去看心理医生。家长问医生："孩子胆小怕事，是不是有心理问题？"医生告诉他："胆小不是缺点，是优点。孩子不过是非常谨慎罢了，而谨慎的人总是很可靠，很少出乱子。"家长又问："那勇敢难道是缺点？"医生说："勇敢也不是缺点。勇敢是一种优点，而谨慎是另一种优点，是少出乱子的优点。"

虽然是个小故事，但是足以说明，从不同的视角看，缺点和优点就像一对孪生兄弟，在某个场合，优点是缺点，换个场合，缺点变优点。所以，缺点的另一面是优点，我们不必对自己或他人的缺点耿耿于怀，而要学会逆向思维，从辩证的角度去看待所谓的"缺点"。

有一个叫张文举的农民，从小就有一个梦想——成为一位作家。他给自己立了个规矩：每天必须要完成500字的文章。虽然他非常勤奋，但没有报刊愿意发表他的文章，投出去的稿子经常被退回来。可他没有就此放弃，依然默默地坚持写作了10年。29岁那年，他接到了一个电话。打来电话的是一家刊物的编辑，多年来，他一直向这家刊物投稿，这位编辑告诉张文举："我能看出来，你是一位很努力的青年，但是，我还是要遗憾地告诉你，你的知识面有些狭窄，缺少生活阅历，不过，你的钢笔字写得非常漂亮……"

一番恳切的话语，驱散了张文举心中的阴霾。从此，他放弃写作，专心练习硬笔书法，结果进步神速，后来成了一位很有名气的硬笔书法家。

张文举一直默默地坚持写作，希望有一天能实现自己的作家梦。虽然最终他未能如愿，但是从写作中，他发现了自己在书法方面的优点，通过发挥这个优点，最终成为一名书法家。在现实生活中，类似这样的例子非常多。

所以，对一个人而言，没有绝对的缺点，也没有绝对的优点。所谓的优点，只是我们把一个人的特点往好处看，所谓的缺点，只是我们把一个人的特点往坏处看。看它是缺点还是优点，主要看具体内容是什么，它存在的背景是什么。只要我们多观察、多留心，多转换思维，缺点也可以转化为优点。

不按套路来，才是最好的套路

从小我们就被教育"做事要守规矩"，在我们的传统观念中，这便像是一种普世价值，因为做事守规矩才比较受人欢迎，以至于在现实生活中，许多人都会严格按规矩办事。但是，你也会发现，那些在职场与商界混得风生水起的人，又有哪个经常是按常规套路出牌的？

有些人，做事认真，人品也不差，但是在工作中默默无闻，很难成为佼佼者。有些老板，做事守规矩，也很讲信誉，但是公司却开不下去。这些人身上有一个共同的特点，就是他们被太多的条条框框束缚住了。结果呢，你按套路出牌，别人很容易猜到你的套路，从而让自己的发展之路充满曲折。

举个生活中的例子：

某君人很机灵，一次，他去一家理发店理发，店里一个客人也没有，但是店外播放的音乐声却很响。看得出来，理发店生意不怎样。见有客人上门，几个店员也是不冷不热，一直在聊天。

理完发，有个店员为他冲洗，问他："你是第一次来我们这里理发吧，感觉怎么样？"

某君说："好坏无所谓。"

店员愣住了，一时不知该说什么，顿了一会儿，说："大哥，您这是不按常规出牌啊！来我们店里的客人，大多都会说'挺好的'，也有些人会说'不好'。"

听了他的话，某君心里乐了。

其实，某君的回答挺妙的。为什么？因为他不按常理出牌！

经验告诉他：如果他回答"很好"或者"棒极了"，对方就会顺着他的话，向他推荐为他服务过的理发师。话术逻辑往往是：这位理发师如何如何了得，我们现在有活动，充1000送500，超实惠……这样，客人就会进入他的推销套路。如果回答"不好"呢？对方就会建议客人换个发型，或是进行一些特殊的护理，或是根据个人的情况再设计一个新的造型……但是，某君的一句"好坏无所谓"却巧妙地回避了这些问题。

平时，我们理完发后，经常会产生这样的疑问：同样的理发师，为什么给自己理得不好，而给别人理得好看呢？即使要怪，也会怪理发师的水平差，从不会怪自己的脑袋长得不合适。有些理发店工作人员会与顾客争吵，基本都是因为顾客抱怨理发师没理好，而理发师也不会承认自己的水平差，往往会怼顾客说："要怪也只能怪你的脑袋没长好。"

所以，很多时候，不按套路出牌是最好的套路，尤其是在心理博弈中，当对手惯性地认为，接下来你将会做出某种反应时，为了争取主动，你可以打破固有思维，反向思考问题。

在一次篮球锦标赛中，A队与B队相遇。当比赛剩下8秒时，A队以3分优势领先，按理说，A队可以稳操胜券。但是，那次锦标赛采用的是循环制，A队至少要赢6分才能胜出。可要用仅剩的8秒钟再赢3分，似乎有些不可能。

这时A队教练突然请求暂停。暂停后比赛继续进行，球场上出现了令人意外的一幕，只见A队球员突然运球向自己的篮下跑去，并迅速起跳投篮，球应声入网。全场观众目瞪口呆，比赛时间到。可当裁判员宣布双方打成平局，需要加时赛时，大家才恍然大悟。

A队出人意料的战术，为自己创造了一次起死回生的机会。加时赛的结果，A队赢了6分，如愿以偿地出线了。

在这个案例中，A队教练在遵守规则的前提下不墨守成规，而是运用逆向思维，化被动为主动，最终成功晋级，真是令人拍案叫绝。

在现实生活中，如果你能意识到自己的惯性思维，那么在下次遇到问题时，不妨尝试做出一些改变。有位艺术大师指出："创造之前必须先破坏。"破坏什么呢？破坏传统观念和传统规则。面对瞬息万变的环境，只有敢于挑战规则，打破常规，才能在竞争中争取机会与主动权，才有更多的出路。

成功的门，用任何方式都可以打开

在数学中，两点之间，直线的距离最短。这个常识甚至连狗狗都懂。你向远处抛一个球，狗狗会径直跑向球所在的位置，而不会绕圈子。但在现实生活中，我们却经常舍近求远，是我们的智商出了问题吗？

当然不是！

是因为我们会逆向思维：此路不通，就换条路试试。比如，在早高峰时，路上经常堵车，有时一公里的路程要开半个小时，或者一个小时。有些司机会选择在这个路段等，有的司机会选择绕行。选择绕过堵点，虽然行车的距离变长了，但是节省了到达目的地的时间。

所以说，两点之间的直线距离可能是最短的，但未必是最快的。这也是一种逆向思维，运用好这种思维，在现实生活与工作中，可以少走许多弯路。

举例来说明，不管是去超市，还是去银行，我们经常要排队。当你需要在商场排队结账时，通常你会怎么做？

国外有两位统计学家研究了排队背后的数学问题，并且提出：鉴于大多数人是右撇子，所以人们一般会下意识选择排在靠右的队伍后面。其实，你可以"反其道而行"，去排最靠左的队伍；再就是，要尽量找收银员是女性的队去排，因为她们动作更快；在收银员速度大致相同的情况下，重要的是服务时间，也就是要看结账的商品数而非排队的人数，商品数多，意味着最短的队或许是最慢的队。

再比如，人们看病总喜欢到大医院，每天早上医院挂号窗口都会排起长长的队。患者总希望早点排到号，还希望医生能多听自己介绍病情。但是，医生的就诊时间有限，如何选择正确的科室和专家，并在短时间内向医生传达有效的内容，避免重复没用的信息呢？

关于这个问题，很少有人会想，大家只想着"早点排队"。如果我们逆转思维，变"早点去"为"晚点去"呢？

通常，医院都在早晨8点开诊。一天之中，约有三分之二的患者会选择在上午看病，而在开诊之后的两个多小时内，患者最为集中。

许多患者习惯一大早去看病，是想留有足够的时间做各项检查，为的是少跑一趟。其实，如果是新发疾病，且不是严重的急性病的话，第一次看病往往是为了明确病因，而大多数医院为了方便患者，全天都可以进行抽血、心电图、拍片和B超等常规检查。如果是慢性病患者，其就诊目的往往是定期复查，可能要抽血、拍片等，除了一些常规检查，如甲状腺功能、血脂、细菌和病毒检测等，当天很少会出检查结果。

根据上面的分析，我们去医院看病时，完全可以选择避开高峰时间段，要么上午迟点去，要么下午去医院就诊。这是一种逆向思维。这么做，不但可以避开高峰期，而且看病、取药都非常快。

可见，运用好逆向思维，也能给我们的生活带来一些便捷。在有些情况下，当正向思维不能有效解决问题时，该怎么办？继续坚持吗？不是！是就此放弃吗？也不是！正确的做法是，将思维反转，从思维深处找寻解决问题的方法。

有一次，美国汽车大王福特在街上散步时，偶然发现肉铺仓库里的几个工人在顺次切牛的里脊肉、胸肉。于是，他的脑海里立刻浮现出自己车间类似的操作过程：让工人顺次分别装上汽车的各种零部件。于是，用流水线组装汽车的方法就此诞生了。它和之前让每一个工人自始至终地装配一辆汽车相比，效率大幅提升。采用这种方法，每个工人只负责组装一小部分，操作简单、熟练，且很少出差错。福特公司也因此奠定了在汽车行业中的地位。后来，其他汽车厂、行业纷纷仿效福特公司的这一做法。

福特的成功说明了逆向思维的重要性。我们身处的这个世界，其中每一个事物都有相互对立的两个方面，而且很多过程都是可逆的，所以，有时两种截然相反的方法可以解决同样的问题。

再如，美国太空探索技术公司利用翻新的"二手"火箭把一颗商业通信卫星发射到太空。以往，火箭发射后就报废了，99%的人可能会认为没毛病！事情本来就应该是这个样子的，难道还要让火箭飞回来吗？但是，有的人真的这么想了：如果火箭可以像飞机一样重复使用，那么进入太空的成本可以大幅降低。这个人就是美国太空探索技术公司（SpaceX）CEO伊隆·马斯克，他被形容为："是一个在黑暗中乱舞剑的人。每有疯狂的想法，总想着把它不计成本地实现。"正是因为他善于逆向思维，由此，在航天技术领域取得了非凡的成就。

无论是生活、工作，还是商业领域，具备创新、逆向思维的人在一些事情上总会比其他人看得更远、更透彻。

很少有人能够直截了当就把一件事情做好，因为会碰到很多困难和障碍，有时需要等待，有时需要合作，有时需要技巧……如果硬挺、硬冲，只会把事情搞砸。这时，只有善于逆转思维，有策略地绕过困难与障碍，才会顺利地把问题解决掉。遗憾的是，很多人只喜欢判断对错，以至于采取了某种方法后，就会排斥与之相反的方法。

别只做单向思考，路的旁边还有路

我们可以用空间来给各种各样的思维方向下定义。这也是人们常用的思维归类方法。

最简单的思维方向是线性方向，它是由线性思维演绎而来的，分为正向思维和逆向思维两种，由于人们最常用的思维是垂线思维，也就是正向思维，所以容易忽视逆向思维。

有一次，老和尚问小和尚："如果你前进一步是死、后退一步则亡，你该怎么办？"

小和尚毫不犹豫地说："我往旁边去。"

思考的方向错了，走得越快离失败越近。遭遇两难困境时，不要只做单向思考，如果能逆转思维，或许就会发现：路的旁边还有路。在现实生活中，如果你不会逆转思维，许多时候就只能在两种选择中纠结：要么止步不前，要么失败。

无论是人生，还是事业上的成功，很大程度上取决于一个人的思维能力。事物往往具有很多"面"，除了对立面，还有侧面、上面、下面等，所以当看到其中一面时，不要以为事物就是那样子了。单方面的思考，只观其表，得出的结论可能是错误的。如果你能逆转思维，从多个角度看问题，且能把各个问题联系起来，便能认清事物的真面目。

1 努力不是优势，让你变优秀的是思维

很多人都听过下面这个故事，多数时候，我们把它当作一道脑筋急转弯题来考别人。

一个老师问学生："树上停了10只鸟，开枪打死了1只，还剩下几只？"

其实，老师心中的正确答案是：一只也没有，鸟都被枪声吓跑了。

但是学生脑子里的问题却很多。

有学生问："猎人射出的子弹是单粒子弹，还是散发弹？"

老师说："是单粒子弹。"

有学生问："无声手枪还是有声手枪？"

老师说："是普通的手枪。"

有学生问："有没有鸟是聋子，听不见？"

老师说："没有。"

……

学生们一口气问了十几个问题，下课铃声响起了。老师说："现在，大家只能问最后一个问题了。"

有学生说："如果你回答的问题都没有错的话，被打死的那只鸟应该挂在树上，所以树上只有一只鸟。如果打死的一只鸟掉下来的话，树上就没有鸟……"

还没听完这位学生的回答，老师已经晕倒在地上了。

这当然是个笑话。但是，它给我们带来了一些启示：面对一些问题，在我们形成自己的答案之前，都会从哪些方面去考虑，很多时候，正确答案并不是唯一的。

一般来说，习惯常规思维的人，在面对一个问题时，往往只会给出一个"标准"答案，而且他会自然地认为，这个答案是具体而固定的。其实，只要逆转思维，就很容易想到其他的答案。

现实生活中，一问一答式的教育使我们习惯于按常规方向思考问题，很少有人会迈出反向的脚步。逆转思维，多角度思考问题，才是认识、解决问题的重要开端。否则，遇到问题只做单向思考，很难走出眼前的困局：要么无意识，要么缺少认识，要么没有思路。

达·芬奇的老师弗罗基奥说："即使是同一个蛋，只要变换一下角度去看，形状也就不同了。比方说，把头抬高一点儿看，或者把眼睛放低一点儿看，这个蛋的椭圆形轮廓就会有差异。"

黑格尔说过："人是靠思想站立起来的。"逆转思维，多角度思考问题，会发现许多问题的正确答案远远不止一个。

有些问题从不同的角度看，会得出截然相反的结论；有些问题永远没有唯一的答案。只要因素发生变化，只要有一个条件发生变化，答案就会发生变化。

多角度考虑问题，并不是高深的思维模式，有时只需要一个灵感。"曹冲称象"的故事大家都读过。大人们只想着怎么把象称起来，而曹冲却没有从称象的角度思考，想到了用石头代替大象的重量。除了曹冲想到的方法，你还能想到其他称象的方法吗？当然，你可以这样想：石头太重，搬来搬去非常麻烦，是否可以先让一些人站在船上？或者在船上放一些比较重，又容易计算重量的东西？先逆转思维，然后再变换角度去思考，思路也就打开了。

再举个例子：一只装了半瓶水，且用软木塞塞住的瓶子，不拔出塞子，不敲碎瓶子，不用任何工具，如何喝到水？

这也是个考验逆向思维能力的问题。如果你顺着"拔塞子"的思路思考，只会走进死胡同，越想越头大。如果逆转一下思维：能否将塞子按入瓶子内？这时，你就豁然开朗了。为什么有些人认为这个问题比较难呢？是因为他受常规思维的支配，只善于单向思考，而不会变换角度思考问题。

在竞争越来越激烈的社会，未来只属于"有想法"的人。所谓的某方面的专家，其实都是在相关方面有想法，爱思考的人，他们会不停地让自己的思维从一个角度转向另一个角度，随着视角的转换，对问题的理解也在逐渐加深，最终定会抓住问题的实质。

不是你笨,是你掉进了思维的"坑"

逆向思维是主导做事逻辑和理性生活的重要技能。不管你面临什么问题,都可以"反其道而思",去争取主动,或是追求答案。如果你不善于逆转思维,只会掉进思维的坑。只有让思维翻个个儿,才会看到别人看不到的风景。

跳出思维的坑，别被习惯拴死

许多人都听过一个故事，讲的是一头小象被一条粗壮的铁链拴着，它无力挣脱。时间久了，它就不再挣扎了。后来，粗链子换成了一条细细的链子，它只要稍微用力，就可以挣脱，但是它没有挣扎。等它长大后，小细链子也被取掉了，它的脖子上什么也没有，但是，它一直在经常活动的区域走动，从来不跨出这个区域一步。

习惯的力量是多么的强大！

在现实中，有太多的习惯拴住了我们，使我们如线上的木偶一样，按照既定的程序生活，身心疲惫却碌碌无为。如果我们能跳出惯性思维的坑，许多问题就不会成为问题。

阿西莫夫是美籍俄国人，世界著名的科普作家。下面是关于他的故事：

阿西莫夫从小就很聪明，在年轻时多次参加"智商测试"，得分总在160左右，是"天赋极高"的人。有一次，他遇到一位汽车修理工，是他的一个老熟人。修理工对阿西莫夫说："嗨，博士！我来考考你的智力，出一道思考题，看你能不能回答正确。"

阿西莫夫点头同意。修理工说："有一位聋哑人，想买几根钉子，就来到五金商店，对售货员做了这样一个手势：左手食指立在

② 不是你笨，是你掉进了思维的"坑"

柜台上，右手握拳做出敲击的样子。售货员见状，先给他拿来一把锤子，聋哑人摇了摇头。于是售货员就明白了，他想买的是钉子，聋哑人买好钉子，刚走出商店，接着进来一位盲人。这位盲人想买一把剪刀，请问：盲人将会怎样做？"

阿西莫夫顺口答道："盲人肯定会这样……"他伸出食指和中指，做出剪刀的形状。听了阿西莫夫的回答，汽车修理工开心地笑了："哈哈，答错了吧！盲人想买剪刀，只需要开口说'我买剪刀'就行了，他干吗要做手势呀？"

我们总习惯用一种常规、固定的方式思考问题，长年累月地按照一种既定的模式工作、生活，从而形成思维定势。由此，在遇到问题时，我们往往被这种思维定势拴住。

一人晚间存款，碰巧ATM机故障，一万元被吞。他当即联系银行，被告知要等到天亮。突然，他灵机一动，有了主意，于是使用公用电话致电客服，称ATM机多吐出3000元，5分钟后，维修人员就急匆匆地赶来了。

5分钟和"等到天亮"哪个长，哪个短？当然是5分钟短。在数学中，两点之间，直线距离最短。在思维世界中，两点之间，最短的往往是"反常规"。"反常规"就是没有规则、不按秩序，从问题的本质出发，深入问题根源，快速解决问题的方法。

研究表明，左右一个人成功的最关键因素是思维模式，而不是智商的差异。所以，在生活中，我们不要做常识分子，要学会跳出思维的坑。

明朝中期，有个商人约了一位朋友进省城做买卖。他身上带了一部分钱财，又与同行的朋友把另一部分钱财埋在一个隐秘的地方。

但同行前，好友突发疾病不能同行，商人便一人上路了。走到半路，商人遇到劫匪，身上的钱财都被抢了。于是，他只好中途返回，直奔埋钱的地方，挖开一看，钱不见了。

商人一屁股坐到地上，悲痛欲绝。他转念一想：只有自己和朋友知道埋钱的具体地点，而且临行前朋友说自己生病了，看来一定是朋友偷走了钱。如果直接去找朋友要钱，他一定不会承认。如果去官府告状，又没有证据。商人想了好久，终于想到了一个办法。

他先回到自己家里，换了套好衣服，找来一块布包了一些石头，然后来到朋友家，兴高采烈地对朋友说："我在路上做了笔好买卖，赚了一笔钱，回来还想把钱埋在原来的地方，你和我一起去吧。"

朋友的确偷了那笔钱，本来不想去，听说他又赚了许多钱，并且还要埋在原来的地方，便想："如果他回到原来埋钱的地方，会发现钱没有了，这样就不会再去埋钱了，我也就得不到这笔钱了。"于是，他笑着说："真是祝贺你啊！太好了，我和你一起去，但我现在有点事，你先回家，等我处理完就找你去，咱俩一块去。"

商人离开后，这位朋友马上带着先前挖出来的钱直奔埋钱的地方，并把钱埋到原位，然后又跑到商人家里。商人立即拿着那个沉甸甸的包裹和朋友一起出了门。来到埋钱的地方，商人挖出了埋的钱后，又把带来的包裹埋了进去，一句话没说就走了。朋友有些吃惊，后来，等他悄悄挖出那个包裹一看，里面竟然全是石头。

商人很聪明，他知道朋友既然偷了钱，就早在心里盘算好了应付之道。如果商人按照正向思维，直接去找朋友，并质问他是否拿了自己的钱，朋友肯定不会承认，因为朋友也知道商人拿不出来证据。商人没有按常规套路出牌，而是运用逆向思维，将计就计，让朋友相信自己还有更多的钱，朋友出于贪心，结果上了当，"返还"了偷来的钱。

人生就像一幅画，而我们手中紧握的是决定画面的画笔。完成这样一幅画，不仅需要画直线，也需要画曲线，必要的时候，如果巧妙地增加一些拐点，更能显现出美好绚丽的人生。

你的不自信，源于你的"想当然"

人与人很重要的一个区别在于：是拥有逐渐让自己自信的思维，还是一直沉浸在自卑的思维中无法自拔。所以，判断一个人是否自信，只要看他的处事模式和思维模式就可以了。

不自信的人在遇到问题时，会表现出如下一些行为特征：

不敢表达自己的观点，喜欢顺从别人的看法；
在新的环境中，放不开手脚，总担心自己表现得不够好；
害怕自己做决定，甚至主动将决定权推给别人；
和别人的意见相左时，首先会做出妥协；
不会拒绝别人，被人占了便宜也不敢撕破脸；
害怕暴露自己的缺点，为此会回避社交；
被人夸奖时，会表现得不自在；
……

在现实生活中，大多数人会背负一些压力，尤其是在"你正在被同龄人抛弃""月薪过万只能苟活"，甚至连陌生人之间聊天，都句句离不开车子、房子、票子的当今社会，人们对自身的评价普遍较低，对自己不满意，即使已经很努力了，仍然认为自己很差劲，逼迫自己完成超出自身能力范围的事：

——"不敢要求"

很少主动要求，被动地接受安排，不敢拒绝，容易妥协，总把自己的需求放在最后，受了委屈也不敢为自己争取公道。

——"不敢出错"

只关注自己做得不好的地方，即使取得了不错的成绩，也会归结为运气好。做事情害怕出错，怕把事情搞砸，所以很难发挥自己真正的实力。

——"不敢去爱"

不敢去追求自己喜欢的人，总是认为自己配不上对方，怕对方看不上自己，内心深处觉得"我不好"，能够看得上"我"的人不会是非常优秀的人，所以感情上不快乐不幸福。

上述不自信的外在表现，本质都在于思维模式——内心深处对自己的价值抱有根深蒂固的负面信念，认为自己不够好、能力不行、配不上美好的人和事物，这也就是心理学上所说的"低自尊"。

低自尊者的惯有思维模式是：否定怀疑自己——负面预期——事情搞砸——负面预期实现——否定怀疑自己。而且，他们会一次次陷入这种恶性循环的怪圈。

小乔治从小就胆小怕事，遇到问题就紧张。有时候，在处理一些突发事件时，不是显得懦弱、优柔寡断，就是过于鲁莽，总是把握不好愤怒和反抗的分寸。所以，他比较宅，不怎么愿意与人交往，而且接受新鲜事物的渠道也比较少。自从进入职场后，情况虽然有些好转，但还是很胆小，而且心理素质比较差。比如，当众发言的时候，他会感到浑身不自在。他不知该如何让自己变得坚强、自信一点。

有一次，他去请教心理医生。心理医生说："你能够直面自己的缺点，这就是一种难得的勇敢，能够通过自省来了解自己，这就是自信的基础。"

后来，他听从医生的建议，开始改变自己的思维模式，不再给自己扣上"胆小懦弱"的帽子，并且主动与更多的人接触、交往。半年后，他成了一个乐观自信的人。

其实做了让自己不满意的事，并不等同于自己就比别人差。如果你已经给自己定了性，那怎么可能改变自己的缺点呢？

对自己我们必须要有一个客观的认识，发现自己的优点和长处。对自己不满意的地方，要从多个角度去思考：或许是因为经验不足，或者是缺乏锻炼……更何况，一个人的成长与改变是需要时间和空间的，不能用自己在某件事情上的"胆小""不自信"，来对自己盖棺定论。

有一个老板，生意做得很大，别人不敢谈的生意他敢谈，别人谈不下来的项目他能谈下来。有一次培训员工时，有位员工说："我自己总是不自信，不知如何面对刁钻的客户。"老板给他支了一招："当你坐在客户面前的时候，你要这样想：我的银行账户有2亿存款，只是现在还提不出来。这样，你说话就有底气了。"这是老板的经验之谈，在他最缺钱的时候，大群的客户每天跟在他屁股后面催账，即使这样，他还是能一脸从容，自信满满地坐在谈判桌前，和客户谈几百万、上千万的生意，而客户丝毫不会怀疑他的实力。经过几年的努力，他的事业如日中天。

　　思维模式影响心理状态。在这个故事中，老板采用了逆向思维来提升自己的信心。可见，一个人自信与否，与其说是一种心理状态，不如说是一种思维模式。

　　如果把一个人比作一台机器，那思维模式就是人的底层代码，它就像多米诺骨牌的第一张，如果它被推倒了，接下来会发生一连串的连锁反应——一种思维模式会衍生一大批的想法和行为，这些想法和行为把我们变成截然不同的人。

要想知道，打个颠倒

大凡是个正常人，就有一定的思考力。越是有所追求的人，脑子里的想法越多，但并不是想得多，就一定有用。为什么？因为思考的角度问题。

我们总是习惯站在自身的立场上去观察和思考问题，不是迫不得已，很少会站在事物或是问题的对立面去思考。其实，换视角和方向并不麻烦，但我们就是不情愿这么做。

牛根生是家喻户晓的企业家，关于他的故事有很多。谈到他的成功，有人说，他具有商业领袖气质，有人说他是实干家，有人说他有大格局，对此，大家都没有异议。也有人说，他的成功归功于逆向思维。何以见得？

牛根生曾回忆说："我母亲给我的两句话让我终生难忘，一句是'要想知道，打个颠倒'，另一句是'吃亏是福，占便宜是祸'。"

这两句话深深影响了牛根生。后来，牛根生在工作中遇到难题时，总会首先想到"要想知道，打个颠倒"这句话，启发自己进行逆向思维。可见，他养成的一些思维模式，与他从小受到的家庭影响不无关系。

"要想知道，打个颠倒"，是大多数成功者都具有的一种思维方式。在现实生活中，人与人之间的智商、情商，甚至生活、工作的环境都相差无几，最后造成贫富、高下的往往是思维方式。

在某个村，一胖一瘦两个农民合伙承包了一块土地，然后种上了庄稼，因为干旱少雨，没有获得预期的收成。于是，两个人将收获的粮食卖掉，又开始一起种树苗。等树苗上市的时候，品种又落后了，所以没有什么人收购。胖子垂头丧气，将这批树苗以很低的价钱卖掉了，又回头重新种植庄稼，期待来年有个好收成。瘦子认为，再也不能走他人走的路，树苗虽然不值钱，但如果长成大树，一定会卖个好价钱。所以，他决定要将树苗培育成大树。几年后，又因为材质问题，还是没能打开市场。而胖子这几年种庄稼赚了一些钱，便劝瘦子说："将大树便宜卖掉，也回来种庄稼吧。"瘦子不同意，他觉得，树的材质虽然差了些，但如果制作成款式新颖的家具，依然可以赚不少钱。最后，他就用这批木材专门制作仿古家具，一年赚的钱比种十年庄稼都多。

两个农民的境况差不多，最初他们手上都没有所谓的"好牌"。胖子没能突破惯性思维，觉得种植的东西不好卖，就便宜卖，什么价格高就种什么。而瘦子却果断地突破惯性思维，用一副"烂牌"改变了人生。

台湾作家吴若权有一句话很耐人寻味："穷人戴钻石，人家以为是玻璃，富人戴玻璃，人家以为是钻石。"一些人受惯性思维影响，认识不到事情会有变化的时候，于是就有了莫泊桑小说《项链》中主人公那样的悲剧。

行为心理学告诉我们：一个人一天的行为大约只有5%是非习惯性的。可以说，每个人都离不开习惯，习惯对我们的生活有着很重要的影响。它可能是最好的仆人，帮我们达到新的高度，同样，它也可能是最危险的敌人。

有人曾做过一个有趣的统计，他发现：在三四十岁的旅客当中，坐在头等舱中的人往往在看书，坐在公务舱中的大多在看杂志，或在用笔记本办公，而在经济舱中，看报纸、电影、玩游戏、聊天的居多。在机场，贵宾厅里面的人大多在阅读，而普通候机区的人基本都在低头玩手机。于是，他产生了这样的疑问：到底是人的位置影响了行为，还是行为影响了位置呢？

确切地说，是思维影响了行为，行为影响了位置。倒过来，位置影响行为，行为影响思维，也有一定的道理。不管怎样，人的进步、社会的进步，都是靠思想来推动的，陈旧与落伍的思想必定会被人们抛弃。只有敢于走进别人认为的思维"禁区"，你才会采摘到丰硕的果实。

② ▶ 不是你笨，是你掉进了思维的"坑"

反向思考，问题就是你的机会

多数人容易犯的一个毛病是，当事情不顺利时，首先会去埋怨别人，而不检讨自己。与其抱怨别人，不如反省自己：我哪方面有欠缺？我什么地方做得还不够？只有学会了检讨自己，才会有更多的收获和更大的提升。

日本的经营之神松下幸之助曾说："工作就是不断发现问题，分析问题，最终解决问题的一个过程，晋升之门将永远为那些能随时解决问题的人敞开着。"

在问题面前，有人看到的是麻烦、职责，有人看到的则是机会。善于逆向思维的人，相信"方法总比问题多"，他们会勇于直面问题，所以总是能找到更多、更好解决问题的办法。

许多人都看过好莱坞大片《大白鲨》。但鲜有人知道，电影里的大白鲨其实不是真鲨鱼。因为拍摄真鲨鱼非常危险，所以，剧组临时做了一只机械鲨鱼。但在拍摄时，剧组又犯难了，机械鲨鱼不会游泳，不会撕咬，而且材料也不能抵抗海水的侵蚀，长时间放在水里会水肿，就像一大堆棉花糖，没有鲨鱼的样子。当电影的其他部分都拍完后，还是没有拍好鲨鱼的镜头。如果重新做一只机械鲨鱼的话，时间也来不及了。

这个问题让导演犯了难。但是很快，他就来了灵感：影片要表达的是鲨鱼带给人的恐惧感，那什么情况最令人恐惧呢？就是人在海水里，看不到自己的双腿，看不到隐藏在水下的东西。所以，在这部电影中，自始至终都没有出现过一条完整的鲨鱼，只是时隐时现、象征性地出现过一部分身体，再配上恐怖的音效，成功给观众营造了一种非常恐惧的氛围。

善于逆向思维的人，在问题面前不会钻牛角尖，他们总是能在别人想不到的地方绽放自己。同时，他们会避开多数人想不到的陷阱，避开别人犯过的错误。比如，在思维博弈体现得最为淋漓尽致的股市，赚钱的股民，往往是那些能够进行深度逆向思考的人。从这个角度上说，赚股市的钱，就是赚思维的钱。

罗莎最近和丈夫关系紧张，闹得不可开交。有一天，她越想越生气，觉得丈夫有几个钱，便在外面拈花惹草，于是想把他的钱都输掉，以收住他的心。她想：股市如赌场，随便买个垃圾股，按目前的行情，一个月准能跌去一半。于是，她全仓买进了某只垃圾股……

过了一个月，查一下账户："啊……股票市值竟涨了一倍！"

罗莎没有半点炒股经验，抱着赔的心态炒股，却收益颇丰，真可谓是"因祸得福"。但如果运用逆向思维会发现：罗莎炒股赚钱这件事，也并非完全偶然。大家都认为会跌的时候，主力往往会逆这种"跌势"而为，这样，就赚到了大众思维的钱……

② 不是你笨，是你掉进了思维的"坑"

乔治加入了一个炒股群，群里的人经常谈股论经。2015年，在大盘大跌时，群里的大户们无不损失惨重，但乔治是个例外。他不仅毫发无损，相反还赚了不少钱，这让许多人唏嘘不已，认为他掌握了内幕消息。尤其是他的朋友布雷迪特别不服，因为他被大家公认为是炒股方面的权威，不仅拥有的资金量大，而且小道消息也多，有些炒股大户经常根据他的指点来操作。见远不如自己的乔治在股市大跌中赚了钱，他便想探个究竟。这一天，他特意邀请乔治吃饭。吃饭时，他便向乔治请教起秘诀来。乔治说："我哪里有什么秘诀啊，不都是按你的提示来操作的吗？"布雷迪听后脸色变了："这怎么可能呢？我自己可是巨亏呀！"

乔治又说："我真是按你的提示来操作的，不过，我做的是反向操作，所以，一方面我要感谢你，而另一方面，又觉得很惭愧，很对不起你！"

布雷迪听了之后，也不好意思再多问什么。

换股票不如换思路。股市每一次大跌，既是损失，也是机会。其实，做任何事情都是这个道理，有时转换一下思路，立刻柳暗花明，如果一味循着老路走下去，只会把自己逼入死角，不但于人于事无益，还会挫伤自己的信心。所以，在问题面前要学会逆向思考。换一种思路，换一种方法，也就换了一种心情，换了一种结果。

抱怨时，先做一个反向思考

生活中的大多数人在遇到问题、麻烦时，会习惯抱怨几句，这本无可厚非，但是把抱怨当情绪宣泄，当观点，并寄希望于得到别人的理解，就有些天真了。人都是有情绪的，在事不关己的情况下，你的坏情绪只会坏了别人的情绪，而且还会因此为自己贴上一些负面的标签。

抱怨是一种负面情绪，是低情商的表现，它不仅会传染人，也会贬低你的身价。而且，抱怨解决不了任何问题，只会让自己的情绪变得更差。

所以，当你遇到麻烦，或是受了委屈，不吐不快的时候，一定要先做一个反向思考：这样做有用吗，说出来对自己、对他人又有什么益处呢？如果本身就是你的错，那就更没有资格抱怨了。

A大学毕业后，在一家公司做文案工作，每天起早贪黑，很辛苦，但薪水只有两千多。同学经常在群里秀自己的工资，炫耀自己的职位，但A很少说话，只是偶尔发个表情。

B是A的同学，毕业后在外企做公关，月薪八千。他经常私下里劝A说："干这个行业有什么出息，别说月薪两千，就是过万又怎么样，在北京能养活得了自己吗？"A总是笑笑说："你没见每天那么多人在找工作吗？我有份工作做就很知足了，而且我也很喜欢现在的工作。"

后来，由于A的文案做得漂亮，被升了职，薪水也涨到了五千。B还是劝他："这点钱还不够我一个月开销，你还是听我的，趁早换工作。"A笑而不语。

第三年，A晋升为企划总监助理，底薪一万。老同学们都非常钦佩他。这时，B跳出来说话了："什么总监，我们公司新来的一个小伙，是给老板打杂的，你猜什么头衔？总经理助理。还有……"群里的其他人也跟着七嘴八舌头地议论起来。

第四年，A已是公司企划总监，薪水也大幅提升。这时，B开始哭穷了："在公司待了四年，公司只涨过一次薪，唉，现在什么都涨，这点钱怎么活呀？"有人说："快跳槽吧。"他说："这年头，好工作不好找，先凑合待着吧，等年后再说。"也有人跟着抱怨："老板用人唯亲，像我们这样的外人，再有本事，也得不到重用，我在想，下个月要不要辞职。"

对此，A又是笑而不语。

A勤勤恳恳，不抱怨、不诉苦，靠自己的实力赢得了应有的位置，而B四年时间都在原地踏步，却抱怨连连。其实听到B在哭穷，A更想说：你早干吗去了？别人努力的时候，你一脸的鄙夷，满嘴的嘲笑；别人进步的时候，你在质疑；别人成功的时候，你在羡慕嫉妒。

抱怨没有时间，抱怨老板太黑，抱怨机会不公……活在抱怨当中，到底是能让自己变得有钱，还是能反衬自己有本事，抑或是能改变什么？

> 逆转思维

有句话叫"屁股决定大脑"。大意是指,站位不同,考虑问题的角度就不同。能逆转思维,站在对方的角度思考问题,才是真的有智慧。

生活中,99%的抱怨,都是因为只站在了自己的立场上,而不懂得逆转思维。员工抱怨老板,老板抱怨员工,莫不如此。如果换个思维,一切都不是问题。

有一位老板,最擅长的手法是洗脑。有一次,由于业务扩张,急需人手,但是招不到合适的人,恨不得直接把别家的人抢来。即使招来了,也总是认为,这不合适,那不合适,整天不是培训,就是给员工洗脑:你不努力,谁也给不了你想要的生活;你的努力老板都看得见;骂不跑的员工才是优秀的员工;老板不狠,员工不强……

结果呢,员工天天加班,还没有加班费。有个员工对老板说:"我每天都能超额完成任务,明天就不要加班了吧?"老板不高兴了:"咱们都是成年人了,虽然你在给公司干,其实也是给自己干,公司只是个平台……"第二天,这个员工就辞职了。

员工说:"这个月加了15个班,加班费怎么算呀?"

老板说:"你们的眼睛不要只盯着那点薪水,每天为了加班费工作,格局太小了,你们要放大格局,我认为,你们将来都是住别墅、开豪车的人,所以别那么俗,现在受苦,是为了将来……"

结果,第二天又有人走了。所以,公司里经常是人来了走,走了来。

后来,老板对自己的朋友抱怨说:

"现在的人真是不知天高地厚。"

② 不是你笨，是你掉进了思维的"坑"

"你对他们好，他们不领情，还把你当傻瓜。"

"还嫌我公司穷，福利差，你去问问，人家大公司要你吗？"

……

这家公司之所以招不到人，就是因为老板能忽悠。忽悠不成，就开始抱怨。其实，他头脑中理想的员工，压根就不存在于这个世界。即使真的有，他又凭什么吸引他们呢？凭一张空头支票吗？你说员工嫌你穷，对，人家就是嫌你穷，而且还是臭穷。

有些老板，也不知道哪来的自信，给员工开点工资，就把人当长工使。其实，员工要的只是一份工作，不是什么情怀啊、理想啊。如果一个老板连这点逆思维都没有，说他脑残也不过分。你给员工开的工资，就是让他完成他分内的事情。至于他是不是追求上进，那是他自己的事。对于有追求的员工来说，工作是给自己干的，成绩是可以带一生的。对于没追求的员工来说，工作就是给你干的，不出岔子，那就是本分了。

所以，不管你的身份地位如何，与其有勇气去抱怨各种不公，有时间去抱怨别人的不是，为什么就不能停下抱怨，让自己变得更加值钱呢？大家都很忙，如果你也很忙，就不要抱怨；如果你自己不愿逆转思维，就不必抱怨，如果你本身就没有价值，那就更没资格抱怨。

在变化中，追随不变

要想不被淘汰，就要跟上时代；想要有所突破，就要适应变化。当我们的进步跟不上时代的变化时，多多少少会变得焦躁不安，或不知所措。作为个体，在时代的潮流面前，该如何找准自己的坐标、除去内心的焦躁？办法是一定要学会逆转思维！

当大家都在依据变化而创业的时候，当大家都在担心自己的商业模式会因新技术和新模式的运用而被迅速颠覆的时候，亚马逊的创始人贝佐斯却提出了一个问题："未来十年，什么是不变的？"

他找到了三件很普通，却不会改变的事情：无限选择；最低价格；快速配送。

在贝佐斯确认了这三件不变的事情后，便将亚马逊的主要资源都用在了上面，而且获得了有目共睹的成功。

在现实生活中，我们随处可见这种逆向思维的运用。比如，如今的自媒体比较多，但大部分都在投其所好，做一些鸡汤文，或是评述一些热点事件，以吸引人们的眼球，很少会想什么才是不变的东西，什么样的内容才是经久不衰的。

现在，我们置身于一个快速变化的时代，面对自己的工作，我们会花很多时间担心：五年、十年之内会不会失业，身处的行业有没有发展前景？其实，我们更应该逆转思维，想一想：即使行业在发展，在变化，但其中的哪些东西是不变的，是不可替代的，新的工作机会又将从哪里产生。

客观地说，社会的宏观变化与自己的实际成长没有太大的关系，社会经济形势好还是差，也多半不会对自己的工作产生重要的影响。有的人经常在抱怨：现在实体店生意太难做了，都是因为马云的互联网思维。其实，生意从来就没有好做与不好做之分。不是生意不好做，是你家的生意不好做。当你的生意不能适应社会的变化，不能适应市场的需求，只有被淘汰的份。

但也有不少人调侃说，后悔没有结交20年前的马云，可20年前他的想法又有多少人能理解和接受？甚至当时不少人认为，他就是一个骗子。事实是，马云在快速变化的互联网生态中看到了不变的价值，而大多数人看不到，只会保持固有的观念与认识。

产品可以被市场淘汰，人也一样，一个思维僵化、死板的人，注定难以适应职场变化，稍有风吹草动，都可能对他的工作产生冲击。那是不是就没有办法了？不是，改变的方法有很多，但首先要改变思维，必要的时候，只有逆转思维，才能带来认知、技能、情商的提升，才能解决面临的困境，最终在变化中找回自己的坐标。也就是说，逆向思维可以让我们避免钻问题的牛角尖。

有这么一个段子：

伊莱的女儿7岁。一次，放学回家，女儿对她说："妈妈，你真安逸，根本不用想做作业的事儿。"

伊莱说："那这样吧，我帮你写作业，你来检查好吗？"

女儿听了，非常高兴。

伊莱做完作业后，便交给女儿检查，女儿认真地检查了一遍，还给妈妈讲解错题、列出算式,但是她不知道妈妈为什么把每道题都做错了。

在这个段子中,伊莱通过运用逆向思维,巧妙地抓住了其中的"变"与"不变":变,即改变方法;不变,即保持女儿学习的热情。这样,既激发了女儿学习的兴趣,也帮助她达到了学习的效果,可谓一举两得。

在变化中追求不变,是一种逆向思维方式。有的人为了变化而变化,一年换几次工作,几个行业,做什么都是蜻蜓点水,不懂深入,变化可谓眼花缭乱,但得到的教训多于经验,最终路该怎么走,方向在哪里,都搞不清了。有的人,几年干一份工作,伴随着行业的变化,市场的变化,工作内容的变化,整个人也在成长。结果是,前者十年干了十个行业、三十份工作,并且还在寻找新的工作,而后者可能已成为职业经理人,甚至是老板。所以,人总是要变化的,但变化是为了成长、提升,不是只为了适应。

反过来看,"小"里面藏着"大"

在利益面前,人人都想贪"大",在责任与困难面前,人人都希望得"小"。贪"大"的人,往往什么都得不到,想得到的越多,最后失去的也会越多,而有的人求的少,专心做好自己该做的事,结果得到的反而超过预期。同样,遇到问题大事化小,小事化了的,只会埋下更大的隐患,只有从细节着手,深挖问题背后的问题,才能系统地解决问题。

大与小是相对的,要想大中见小,小中见大,需要逆向思维。对个人,对企业都是如此。有的企业看起来很强大,但大中却隐藏着弱小,甚至死亡的危机,有的企业看似弱小,实则隐含着强大的动因,绵薄而致远。

一个大型企业虽然拥有强大的资源和能力,但如果不能有效地整合资源,不能使所投资的产业达到最优组合,实现最高的收益,那它在变化面前,就是一个实力弱的"小"公司;反之,如果一个资源和能力弱小的公司能充分利用自身的核心资源,在外界环境发生变化时能够灵活地改变经营模式,迅速规避风险,则它就是一个有无限潜力的"大"公司。曾经被一分钱难倒的英雄汉史玉柱,对此有深刻的认识。他认为,刚开始,巨人集团的企业文化有问题,总是提很多口号,如"要做中国第一大"等,本来是为了激励员工的，最后却把自己给蒙蔽了。

为了达到预期的目标，史玉柱制订了一个"百亿计划"，要求当年产值达到50亿，第二年要完成100亿，一年一大步，一年上一个新台阶。他还要花一亿元做广告，把多种保健品、药品，以及十几款软件推向市场。声势不可谓不大。结果，巨人很快就跌倒了。

之后，史玉柱再也不空喊口号了，而是逆转思维，采取了这样的原则：定性而不定量，把目标进行细分，分成一个个小目标。这样，将一件事情分解成许多的决定性因素，再一件件的解决好。

不管是企业，还是个人，经常提一些很响的口号，难免会让人产生一些不切实际的，本不该有的压力。企业的规模无所谓"大"和"小"，发展速度也无关乎"快"和"慢"，关键是要把握企业发展的本质和规律，看企业是否有核心能力，是否有利润，或是未来是否有盈利能力。现在没有利润不要紧，只要未来有盈利能力，或现在还没有形成核心能力，却有很强的成长性，那它就是一个成功的企业。这也是发展的辩证法告诉我们的：大就是小，小就是大。对个人而言，也是这个道理。没有小，无所谓大。

威廉是个工作狂，而且是个快乐的工作狂。他的本职工作是心理医生，但是，他经常会在电视、广播节目中客串嘉宾，有时也会做主持人，偶尔还会去演讲，但对他来说，这些都是副业，是自己的乐趣所在。尤其是在他做主持人的时候，从来不会考虑转到这一行，也不会与别人争位置，只是兴趣使然。所以，大家都挺喜欢他，也会给他提些建议。他同时做多份工作，且每份工作都做得不错。因为，他是一个非常认真的人，做事非常在意细节，而且，他清楚地知道，自己的专业优势在哪里，主业是什么。所以，很多节目都喜欢请他做嘉宾,这也在一定程度上提升了他的知名度。

　　世上没有随随便便的成功。看别人功成名就,不要只看人家如何风光,如何体面,而要多看人家背后的付出,以及他们的思维方式与做事方法。成功的人,并不是每天都在想着做大事,并不是你想象的那么神通广大。许多时候,他们的成功是由许多平凡的小事积累而成的。

　　把平凡的事做好了,其他的自然也就做好了。什么都想做,什么都做不好,盖房子需要一砖一瓦地堆砌,写文章需要一字一句地打磨,没有这一砖一瓦,一字一句,做出来的都是空中楼阁,是虚无的,不靠谱的。正所谓"千里之行始于足下""不积跬步,无以至千里"。这既是一种做事方法,也是我们看世界的一个维度。

"错误",是通向"正确"的桥梁

物理学上有作用力,也有反作用力;化学上有正电荷,也有负电荷;数学上,对4开平方,结果不只是2,还有-2。如果只从正面思考,忽略从反面这个维度理解世界,只见树木,不见森林,便无法正确感知、理解事情的全貌。

成功不是做了大事，而是避免大错

人生下来就会不断犯错误，没有谁会例外。大部分人都记不清自己到底犯过多少错误，也不知道世上有没有避免错误的良方。只是一些人觉得，生活本已不易，还要再为每一个错误付出一定的代价，似乎有点不公平。其实，何止是不公平，甚至有点残酷。

所以，大多数人都会避免犯无意义的错误，或是低级的错误。有的人甚至为了不犯错误，会一辈子待在一个公司，一个岗位，做事谨小慎微，如履薄冰。换个角度看，他们碌碌无为，摆脱不了平庸。因为他们相信：少干事才能少犯错。对他们而言，这是一条非常有效的做事法则。

想要追求成功，或者过上自己想要的生活，我们必须要进步，要成长。身体到了一定时期，无法成长了，再成长的结果就是，头发变稀了，腰围变粗了，脊背变弯了，但是，我们的思维、智慧、眼界还是要不断提升的。纵然，人的一生不可能不犯错误，但应当尽力不犯错误，少犯错误，即使犯错，也要知道错在哪里，能从中学到些什么。

所以，要学会用逆向思维看待错误。一位伟人说："错误常常是正确的先导。"科学家钱学森更进一步指出："正确的结果，是从大量错误中得出来的，没有大量错误做台阶，也就登不上最后正确结果的高座。"

在篮球比赛中，有"得分靠进攻，但是要赢得比赛靠防守"一说。刚开始打篮球的人都喜欢进攻，因为那样过瘾，而有经验的人，都喜欢调动对手，给对手增加难度。从进攻到防守，体现了一个人对这项运动的理解。

许多比赛都是这样，胜利不一定靠进攻，只要在防守上少犯低级错误，胜利的天平就会向其倾斜。

在现实生活中，我们经常思考的是，如何只赢一个球，而不是整场比赛。人生是一场马拉松式的漫长比赛，大部分时间我们并不需要去考虑赢，而只要记得不输就可以了。因为在比赛进行到一半的时候，就有许多对手放弃了，甚至连比赛的资格都没有了，那剩下来的就是胜者。

有一位企业家被问到"如何才能获得成功与幸福"时，他说："生活和生意上的大多数成功，来自你知道应该避免哪些事情。"从某种意义上说，避免失败，也是一种成功。比如避免过早死亡、糟糕的婚姻、染上艾滋病、吸毒、闯红灯，等等。就像我们和一些经常走错棋的人下棋时，不需要棋艺有多高，只要少犯错，等着他们出错，我们就获胜了。

所以，成功不是你做了什么惊天动地的大事，而是避免了一些不该犯的错误。根据犯错的代价来看，以下三种错误是要极力避免的，它们对你的成长毫无益处。

（1）致命的错误

这种错误也可以叫悲剧性错误。常见的有车祸、吸毒成瘾、恶意伤害他人等。这种错误的代价巨大，对个人毫无益处，应完全避免。

（2）严重的错误

严重的错误包括创业、投资失败等。这种错误会让你付出高昂的成本，与此同时，它也会为你带来深刻的教训，而且回过头来看，它们也可能具有一定的价值，但还是应该尽量避免。

（3）低级错误

这类错误也可叫作无关紧要的错误，比如违规停车被开罚单、没赶上火车，这些是低成本、低收益的错误，出现这种错误的结果，无非是付出一些经济成本，而且从中学到的东西也非常有限，如"别乱停车""早点儿从家出发"等。

相对于上述错误，有些错误较有意义。比如，弗莱明发现青霉素的过程，这是一种成本相对较低，但能提供高收益的错误，而且这种错误所具有的高收益，通常会随着时间的推移而增加，而不仅仅体现在犯错的那一刻。

就生活、工作和事业来说，人应该善于从所犯的错误中吸取教训，正如鲁迅所说："经历一多，便能从前因而知后果，我的预测时时有验，只不过由此一端。"所以，并不是所有的错误都是让人沮丧的，有些错误是一种成长、一种历练。一味地避免错误，也就避免了从错误中发现价值的机会。允许一些错误进入我们的生活，其实是为了能够得到一次更好的机会，所以，要允许自己犯错。

③ "错误",是通向"正确"的桥梁

英明地犯错,打开发现之门

"错误"是个很刺眼的字眼,似乎没有人喜欢它,因为提到错误,不可避免地会把它与"失败""挫折""水平差"等联系起来。所以,大多数人不愿意别人指出自己的错误,即使有了错误,也会极力掩盖,甚至会编造借口,把责任推给其他人,而不是设法从中吸取教训。

其实,面对错误,我们应该逆转思维:错误能使我们变得更加明智,它能戳破虚假信念的泡沫,从而开辟新的机会。能这么思考的人,往往更愿意接受错误,并把它们看作超越常规观察途径的发现之门。

弗莱明曾是诺贝尔奖获得者,但有人戏称这个奖是他从垃圾堆里捡来的。为什么这么说呢?因为这位科学家做事比较粗心,经常把实验室搞得乱七八糟。当时,他正在研究一个非常重要的课题——如何抑制金色葡萄球菌的生长。

有一天,他把一些没有洗干净的玻璃盘摞到一起,放在实验室里背阴的地方,便逍遥地去度假了。一个多月后,当他回到实验室,发现玻璃盘里早已长满了霉菌。这时,正巧他的前任助手过来找他,问他最近在搞什么研究。于是,弗莱明随手拿起一个脏兮兮的玻璃盘,准备解释给他听。就在这时,他看到玻璃盘的边上有一块奇怪的白色痕迹,而在这块白色痕迹的旁边,金色葡萄球菌被溶化了一般。最终，这个不起眼的小细节，促成了20世纪最重大的医学突破之一：青霉素的发现。弗莱明也因此获得了诺贝尔奖。

按正常操作流程，弗莱明没有及时清洗实验器皿，是不符合规范的，是错误的。但是，这个错误却让他有了意外发现。所以，并不是所有的错误都是没价值的。但是，现实中像弗莱明这样的情况非常之少，我们见得最多的，是那些愚蠢的错误。比如，买东西时，算错了价钱；没有看好自己的手机，被小偷偷了；开车超速，被扣了分……这些当然都是愚蠢的错误，也不可能给自己增长多少见识。

既然错误有"好""坏"之分，那我们如何知道哪些错误更有价值。或者说，该去拥抱哪些错误呢？我们可以为自己"故意犯错"制定一个程序：

首先，列出那些得到公认和执行的准则。

如果你是一个老板，你可以列出经营管理过程中有哪些准则是被公认的，哪些不是。比如：招聘市场营销人员，必须要有五年以上的工作经验；中层管理人员必须定期查岗等。这些准则是硬性的，是大家都必须遵守的。

其次，从中挑选用于测试的准则。

让相关的人员参与打分，即对准则进行评分，并依分值对准则进行排序，从中选出那些重要，但得分相对较低的准则。最后，对这些准则进行筛选，并砍去其中的一部分。

再次，对准则进行分类。

对剩下的准则做进一步评定，评定的标准包括：相对于犯错的成本而言，违犯这条准则的好处有哪些，以及这条准则在团队中能起到什么作用，等等。经过这一轮的评定，最终选定一条准则用于测试。

③ "错误",是通向"正确"的桥梁

复次,制定犯错的策略。

也就是分析违反某条测试准则的各种可能性,比如,测试准则为"售后一周之内,要电话回访客户",而现在要制定违反这条准则的几个策略,如故意拖延,不接客户来电,七天之后再打电话给客户,等等。

最后,执行错误。

制定好犯错的策略后,随机选择几条,或是逐一执行,然后看产生的实际影响与结果。根据这种影响与结果,再完善相关的制度。

通过上述几个步骤,"故意"犯一些小错误,有意去违背一些人们习以为常的准则,可以对其固有的思维、习惯进行检验。

有一位知名科学家曾经说过:"专家就是这样一个人,他在一个非常狭窄的领域内犯过所有可能犯的错误。"相对来说,英明地犯错误可以拓展相关的领域,从而突破惯有思维的束缚。许多时候,要想达到一个目的,只进行知识的积累是不行的,还必须要经过一定量的"试错"。

在谷歌首次公开募股的招股说明书里,有一项声明:"我们将要投资的项目有10%的概率会赚得10亿美元……如果我们在看似投机性很强,甚至是陌生的领域有小额投入,那么请不要惊讶。"

其实,谷歌公司是在告诉投资者,这些"看上去很奇怪或者不正确"的行动,正是谷歌公司故意犯的错。而这种犯错的技巧,可以把一些愚蠢错误和明智的错误区分开。

善于运用逆向思维,英明地犯错,只会让你变得更加明智,甚至会为你打开成功的大门。所以说错误是财富,是成功的桥梁,道理就在这里。

没有问题,就没有思考

几乎所有人都想当然地认为,在某件事情上,如果没有问题了,说明完全明白、掌握了,或是进步了,抑或是达到一个新的高度。其实,这是一种非常错误的观念。逆转我们的思维:没有问题了,是不是说,就没有再前进和突破的可能了呢?

有一位知名教育家说过:"什么叫学问?学问就是怎么学习问问题,而不是学习答问题。如果教会一个学生去问问题,去怎样掌握知识,就等于给了他一把钥匙,他用这把钥匙可以打开各式各样的大门。"

穆尔是剑桥大学著名的教授,也是一位很有声望的哲学家,他有一个学生,叫维特根斯坦。有一次,著名哲学家罗素问穆尔:"你最棒的学生是谁?"穆尔不假思索地回答说:"维特根斯坦。"

"哦,为什么?"

"因为在所有的学生中,只有他一个人在听课时会露出一副茫然的神色,而且总是有问不完的问题。"

后来,维特根斯坦的名气超过了罗素。有人问:"罗素为什么会落伍?"维特根斯坦说:"因为他没有问题了。"

由此看来,没有问题并不代表懂了、会了,而是代表思想僵化了，没有创新了。可见，没有问题恰恰说明真的有问题。在这个世界上，没有问题的人生是不存在的。只要你活着，就会面临问题，不管是生活，还是工作，我们每天都在与问题打交道，快乐是因为问题，不快乐也是因为问题。

很多人都曾读过这个故事：

有一位年轻人在事业上受挫，整天闷闷不乐。有一天，他独自坐在一家咖啡厅的角落，满脸愁容地喝着咖啡。在另一张桌子旁坐着一位老人，老人一直关注着这个年轻人。过了一会儿，老人走上前去，对年轻人说："你一定遇上了什么问题，如果你愿意告诉我，我希望可以帮助你。"年轻人看了老人一眼，冷冷地说："你帮不了我，我的问题太多了。"老人掏出名片，递给他，接着说道："如果你相信我的话，我想带你去一个地方。"这个人看了老人一眼，犹豫了一下，没有拒绝，和老人坐车来到了郊外。下车后，老人指着一排排的墓碑说："你看见了吗？只有躺在这里的人，才是没有问题的。"老人的一句话，扫去了年轻人脸上的阴霾，他向老人说了声"谢谢"，便回头向自己曾遭受挫折的地方走去……

这个故事折射出来的道理很简单：在这个纷繁的世界上，每个活着的人都是有问题的，关键是，我们不能被问题困住心，迷住眼，绊住脚。

现实生活中，你是一个有问题的人吗？已经习惯了一种工作或生活状态的你，是不是已经不愿意做出改变，觉得自己生活在一个没有问题的世界中呢？你是否对生活和工作丧失了思考的能力和观察的智慧了呢？如果是，那真是一件很危险的事情。

在问题面前，要学会逆转思维：没有问题，往往只是一种表象，只有没有思考的人，才没有问题。没有问题，说明你正面临着更大的问题，即丧失了发现问题的能力。大多人都是懒惰的，能不多想，就不多想。只有那些善于在毫无异议中发现问号的人，才会看到别人看不到的错误，获得别人不能获得的成绩。

2006年8月24日，第26届国际天文学联合会在捷克首都布拉格举行，在这次会议中，冥王星被降级为类行星，不再为太阳系九大行星之一。会议之所以做出这个决定，主要是因为冥王星太小了，直径约为2300千米，甚至还没有月球大，所以没有资格占据行星的位置了。但是，这段历程并非一帆风顺，从有人大胆质疑冥王星具有行星资格开始，争论一直没有停止过。而且很多人认为，这么多年来，人们早已接受了九大行星，冥王星够不够资格已经不重要了，没必要开会做决定。但严谨的天文科学家不同意这个观点，他们认为，必须要改变，不能有半点马虎。现在，人们脑海里的"九大行星"已成为历史，许多新版的著作、文献等都将"九大行星"的名词改为"八大行星"。

有些问题，站在原来的角度上看不是问题，或者没有问题，但逆转思维，换个角度看，却可以发现新问题。所以，有问题是一种常态，而没有问题则是一种病态。

著名科学家爱因斯坦说过："提出一个问题往往比解决一个问题更重要。"发现问题也是一种能力，一种可以从外界众多的信息源中，发现自己需要的、有价值的信息的能力。所以，一定要学会从"没有问题"中发现问题！不能让自己处于一个没有问题的状态，也不能让自己处于一个有了问题却发现不了问题症结的状态。

③ "错误",是通向"正确"的桥梁

犯错不可怕,勇于走别人想不到的路

想要有不同的经历与体验、不同的理想和追求,就要走不同的路,也就是说,走什么样的路就会成为什么样的人。同样的背景、学识、机会,别人能做成的事,你不一定行,别人能成功,你不一定行!甚至会败得更惨。

尤其是在熟人圈中,当别人取得成绩与成功时,我们会习惯性地质疑:他凭什么成功?!然后替对方找一大堆理由,什么有关系啦,有背景啦,运气好啊……其实,我们忽略了,即使两个人的外在条件完全相同,脑子里的思维也是不同的。思维这个东西看不到、摸不着,有时还感觉不出来,但是,它会造成人与人之间的天壤之别。

所以,走别人走过的路,你未必能复制对方的成功,这是一个不争的事实。马云很成功,中国有成千上万的老板在学习他的经验与商业运用手法,但是能达到像他那样高度的,别说凤毛麟角了,几乎没有。因为模式可以复制,方法可以复制,但是思维是没法复制的。

再说,即使通过复制模式,可以获得一定意义上的成功,但是,当复制的人多了,大家都在一条路上挤着走,最终能脱颖而出的,一定是思维能力过人的人,而大多数人会因喘不过气而死在半路。

反过来看，别人都不曾发现，也未走过的路，即使路再窄，也容得下你一个人阔步前行。

花旗银行是最早提出把信用卡开户的邀请范围扩大到大学生群体的，但在当时，很多人都认为这种想法大错特错。因为在他们看来，大学生还没有工作，也没有收入来源，所以他们很可能没有办法按期还款。但事实证明，花旗银行的这一决策获得了高回报，当学生手头紧张时，很多家长都会帮他们摆脱困境。后来，这些学生当中的很多人都成了公司有价值的长期客户。

所以，与其为了避免犯错误，亦步亦趋地跟在别人后面，还不如走自己的路。只要具备一定的逆向思维能力，发现别人不走的路并不难。

有一位农民，无论种植什么，他的作物永远都是供不应求，总能卖个好价钱。有人问他有什么诀窍，他是如何判断下一年某种农作物的供求状况的。他笑笑说："我没有大学问，也不会做啥预测，我就是比别人晚种些天，出去跑跑，看看周围村镇的人都种啥。种的量大的我就不种了，不管人们说前景多好也不种，虽然量高，但是卖不出去。我种人们不种的。"

农民种地，既要靠天吃饭，也要看市场脸色，最害怕辛苦一年，最后要么没产量，要么产物滞销，价格一路走低，不赚钱不说，还要赔钱。但故事中的这位农民虽然没学历，不懂营销，却能避免这样的损失。就是因为他善于逆向思维：大家一窝蜂地种某种作物，最后价格肯定高不了，物以稀为贵，只有种的少的作物，最后才有更大的叫价的自主权。但是很多农民的思维是，今年玉米赚钱，就

3 "错误",是通向"正确"的桥梁

都种玉米,结果产量高了,价格下来了;第二年改种其他的,却发现玉米价格又高了。

下面是一个广为流传的关于犹太人的故事。

一次,有一个人在某个地方开了一家餐厅,赚了些钱,另一个犹太人看到了,就在附近开一个超市,而另外一个人就开了一个洗车店……不久之后,这个地方就变得繁华起来。

而大多数人的思路恰恰相反,如果一个人在某个地方开了一家餐厅,而且赚钱了,那么过不了多久,就会有人开第二家,第三家……随着竞争越来越大,最后大家都没有钱赚。相比之下,犹太人的聪明在于反向思维。

如果一个人停止了思考,或者只会简单地顺向思考,那么日渐一日,他的大脑就会变得迟钝,不会创造性地工作,直至失去进取心,这个时候,他就不再进步了,而开始大步地倒退。

即使面临错误、失败,也要敢于走别人不敢走的路。不管一个人的职业是什么,如果每年都能彻底反省一次,找出自己的缺点和阻碍自己进步的地方,那么他将会取得十倍于现在的成就。

逆转思维

正确答案往往藏在对立面里

现实生活中，我们经常会感觉某一个人"不正常"，也许他真的不正常。但是，还有一种可能，就是他正准备认真地、专心地做一件事，他把全部精力都投入了这件事中，因此不太注重社交礼节，所以才让人觉得不正常。

有一个卖玻璃的业务员，第一年他的销售业绩排名公司第一，而且遥遥领先于第二名。年度表彰大会上，领导邀请他上台分享经验。

他说："也没有什么技巧，只是准备了一把锤子，每次都敲几下给客户看。"

第二年，大家都学会了这一招，公司业绩大幅增长。可是这名业务员的业绩依然是公司的第一名，且遥遥领先于第二名。年度表彰大会上，公司再次邀请他分享成功的经验。

他说："其实，今年相对去年，我只改变了一点点，就是将我带的锤子递给客户，让客户敲给我看。"

正确的答案往往藏在对立面里。在这个故事中，用嘴巴推销，和用锤子演示，以及自己用锤子演示和客户用锤子测试是相互对立的推销方式。这个业务员的高明之处在于：他运用逆向思维，通过做出一些"反常"的举动，来赢得客户的信任。

再来看一个故事。

鲁国有一个人，非常擅长编织麻鞋，他的妻子也是织绸缎的好手，夫妻俩准备一起到越国做生意。有人劝告他说："喂，哥儿们，最好别去了，不然会失败的。你善编鞋，而越人习惯于赤足走路；你妻子善织绸缎，那是用来做帽子的，可越人习惯于披头散发，从不戴帽子。你们擅长的技术，在越国却派不上用场，岂有不失败之理？"可鲁人并没有改变初衷，几年后，他不但没有失败，反而成了有名的大富翁。

按照常理，做鞋帽生意，当然是应该去有鞋帽需求的地区，但鲁人则打破了这种惯性思维：因为越人不穿鞋不戴帽，所以那里才有着广阔的市场前景，只要改变越人的粗习陋俗，越国就会变成一个巨大的鞋帽市场。可见，鲁人成功的秘密在于逆向思维。

人们习惯于沿着事物发展的方向去思考问题并寻求解决办法。其实，对于某些问题，尤其是一些特殊问题，从结论往回推，会让问题变得更简单。这就是逆向思维的魅力。

年终，有一家200多人的企业要评选优秀员工——从31名候选人中选出27名。常规操作方法是，除了候选人，让所有员工都参与投票，最终得票数排在前27位的就是优秀员工。对于这种司空见惯的做法，谁都没有异议。但是，这是一种效率低下的做法。在这件事情上，有一个员工提出了这样的思路：投票人拿到选票后，选出自己不同意的那4位，唱票时，每张选票也只唱四次，最后，31名员工中，谁的"票多"谁就落选。

最后，公司同意了这位员工的方案。

按照这位员工的逆向思路操作，每一位员工所花的时间只有原来的七分之一，每一张选票的唱票时间也只有原来的七分之一，选举效率提高了七倍！

在解决问题时，如果按顺向思维操作效率低下，那我们可以采用逆向思维，从问题的对立面去寻找答案。从对立面考虑问题，可以让不显眼的错误和难点显露出来。伟大的思想家和创新者都会考虑事物的对立面。德国著名数学家卡尔·雅可比在不同科学领域都做出了重大贡献，他尤其擅长利用逆转策略来解决难题。他的格言是："逆转，总是应该逆转。"雅可比认为，让自己思路清晰的方法是将数学问题反过来求解。他一步步反推需要解决的问题，这样常常能使问题简单化。

大多数工作，都不需要过人的聪明才智与天赋，在工作中，只要你善于运用逆向逻辑，做事积极、靠谱，就能取得骄人的成绩。否则，害怕犯错误，害怕经历失败，而循规蹈矩，不肯改变常规思维，只能在原地踏步。

换个思路,让别人去伤脑筋吧

先看一道题:

一个圆,一个三角形,一个半圆,哪个图形与其他两个不同?

大多数人会认为,这道题只有一个答案,可再想一想呢?如果选择三角形,理由是,它是唯一一个用直线构成的图形。如果选圆,理由是,它是唯一一个用曲线围成的封闭体系。如果选择半圆,是因为它是唯一一个用曲线和直线共同围成的图形。

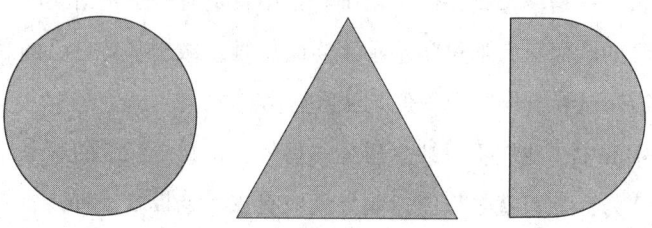

从不同的角度看,答案也不尽相同,而且每个答案都有理有据。看人看事也是这个道理,千人千面,每个问题都有多种属性。遇事要多从正反两个角度思考,不要固化自己的思维。比如做选择题,有的是单选,有的是多选,学生往往最害怕做的,就是不定项选择题，因为不知道有几个答案是正确的。所以有时多选，有时少选。

在一次考试中，有一道单选题，所有学生都只选了一个答案。但是，有一个学生填了两个答案。老师阅卷时，直接把这道题的分扣掉了。在课堂上，老师对学生们说："有的学生真是不长脑子，明明是单选题，却当作多选题做，一看就是没有认真看答题要求。"

这位学生站起来说："老师，那道题就应该是两个答案。"

老师说："我不好意思点你名，你倒好意思站起来。"

一句话，引得学生哄堂大笑。

那位学生坚持说："那道题就应该是两个答案。"

老师认真地计算了下那道题，结果正如那位学生所说，这道单选题确实有两个正确答案，是试卷出了问题。

全班那么多学生，或许有些学生也注意到了，但他们都想当然地认为：这是单选题，两个正确答案中肯定有一个是错误的，是迷惑大家的。而只有那位学生善于逆向思维，敢于坚持自己的观点，敢于质疑试卷有误，说明他是认真思考过的。

生活中，我们不只缺少质疑的勇气，也缺少深度的思考，想当然地认为：专家就是权威，领导就应有权，老板就该有钱。所以做工作也不善逆转思维。比如，领导交代下属一件工作："麦克，把这份文件打印一下。"然后，麦克就在电脑上噼里啪啦地敲打，文件中有不少错字、错句，也照打不误。当他把文件交给领导时，可能希望领导夸奖自己的效率高。其实，这么交差，只是机械地完成了领导的指令，而不是正确地完成工作。可以逆转思维：为什么不能把一份没有错字错句的文件交给领导呢？或是帮领导指出文件中的某个失误呢？

所以，一个不善逆向思考的人，他所理解的"正确"往往是片面的，是表面的。就如同解答一道数学题，虽然正确答案只有一个，但是解答的方法和过程却可能是多样的，不同的方法代表不同的思路。做工作也是这个道理，面对一项任务，有许多种办法完成，如果你选最低效、最笨拙的方法，也不能算错，但是，却体现不出你的优势。别人三五分钟搞定的事情，你用大半天的工夫，虽然结果达成了，但效率呢？你有理由抱怨别人喝着咖啡，听着音乐，在工作中"偷懒"吗？只能说，你的思维出了问题。

曾经，英国《泰晤士报》出了一道题，公开有奖征求答案，题目是：从伦敦到罗马，走哪条路距离最短？

很多人从地理上去寻找答案，结果一个也没有入选。还有人从历史角度出发寻找答案，答案没有错误，但仍然落选。最后一个12岁出头的女孩儿的答案被选中，她的答案是：一个好朋友。

这个很不寻常的答案征服了所有人。有人问女孩儿是如何想到这个答案的，她回答说："我并不是从地理的角度想问题，因为很多人都会从地理方面进行思考。"

当然，包括女孩儿的答案在内，许多答案都没有错。只不过有人是从地理角度、历史角度思考，而女孩儿是从人性的角度思考。同一个问题可以得出不同的正确答案，这是一种很正常的思维逻辑，不值得大惊小怪。

在思考问题时，没有必要拘泥于"一个正确答案"。正所谓"横看成岭侧成峰，远近高低各不同"。同样一件事，用不同的思路去思考，能找出若干种解决问题的方法；同样一件事，每个人的分析角度不同，会得出不同的评价；同样一篇文章，从不同的角度看，会有不同的品读。这些方法、评价、感受，没有绝对意义上的对错之分，只是角度不同而已，何必固执地认定事情只有一个正确答案呢？

"正确答案只有一个"这种思维模式，在许多人头脑中已不知不觉地被固化。如果是解答一道数学题，可以说正确答案只有一个。但在现实生活中，我们遇到的大部分问题并不像数学问题那样直接、简单，一个问题往往有若干种解决方法。而且，随着情况的变化，解决的方法也会有所变化。如果认为正确答案只有一个的话，那在得到某个答案以后，我们很可能就会停止思考。

③ "错误",是通向"正确"的桥梁

三维世界里,别用二维方式思考

常规思维会主导我们形成一种"有了错误就无缘成功"的想法。诚然,很多失败都是由各种各样的错误导致的,但并不是说,错误就一定会引发失败。换个角度看,错误并不可怕,失败并不可怕,因为错误、失败能提供成功所必需的经验与教训。而且,这些经验与教训是学不来的,是不可替代的。从这个意义上说,如果一个人想要绕开错误,也就是在拒绝成功。

马云说:"想要获得成功,多听失败者的建议,少听成功者的建议。"对他来说,每次犯错都是一次成长,每个错误都会带来心灵的改变。可见,错误对于人的成长有多么重要的作用,如果一个人能主动地从错误中总结教训,并通过自己的独立思考纠正错误,那么便会获得长足的进步。

生活中,许多人不善于反省自己,不会反向思考,即使走在错误的大道上,也异常自信,坚定地认为自己是对的,即使给别人制造了一些麻烦,也认识不到自身的问题,甚至会把责任归咎于他人,直至铸成大错,才会痛定思痛,但为时已晚。所以说,在三维的世界,如果一直用二维的思考方式,永远只会活在自己的世界中,这就是惯性思维的可怕之处。

现实生活中,我们总会遇到这样的人。比如,一个人会说:"我

这个人做事很公平。"其实,他所谓的"公平"只是对自己公平,对于其他的人都是不公平的,但是,他根本不相信自己是不公平的,这就是所谓的活在自己的世界中。当然,不同的人会用不同的方式活在自己的世界里,对于反思而言,如果不离开自己的世界,就只能活在错误的世界里。

在一辆公交车上,一位年轻的女士给刚上车的一位老年人让座,她刚离开座位,就冲过来一个小伙子,一屁股就把位置给占了,而且由于冲得太猛,还踩了这位女士一脚,小伙子没有表示任何歉意,心安理得地坐下了。年轻的女士一句话也没有说。当她下车后,同她一起下车的一个人问:"那个浑蛋不仅抢了你的座位,还踩了你一脚,你怎么不说他呀?"女士说:"你们知道人生最大的悲哀是什么吗?就是你犯了错,而别人不告诉你错了,让你错误一辈子,这是对你最好的惩罚,那小子一看就缺少教养,指不定哪天就会因此吃大亏!"

虽说年轻女士的话带有气愤的成分,但颇有几分道理。每个人都可能做错事,但是,要尽早发现、认识自己的错误,它好比身上的虱子,你不及早发现并除掉它,它早晚都会咬你的。

有这么一个历史故事:

清朝末年有一位著名的理学家叫徐桐,官至翰林大学士,这个人十分排外。有一次,徐桐对有人把美国翻译成"美利坚"十分恼火,说中国什么都是美的,美国还有什么可"美"?中国什么都是顺利的,美国还有什么可"利"?大清军队坚不可摧,美国还有什

3 "错误",是通向"正确"的桥梁

么可"坚"的?更令人感叹的是,这个大学士竟自欺欺人,拒不承认世界上有许多国家,坚持认为那些"乱七八糟的国名"是英国人胡编出来吓唬人的。徐桐大言不惭地说:"西班有牙,葡萄有牙,牙而成国,史所未闻,籍所未载,荒诞不经,无过于此。"

不能否认,近代中国有许多孜孜不倦探索救国救民之路的仁人志士。但是,一个有着许多像徐桐这样沉浸在天朝上国的迷梦中,且极端排外的知识分子的社会,又怎么能摆脱愚昧、迂腐落后的厄运呢?

做人也一样,一定要学会理性地反思自己的错误。比如,你做了一件事,这件事本身就是错误的,你心里比较难受,如果运用逆向思维,那是不是说,你认为自己做的事情正确,而不去考虑事情本身的对与错,以及它造成的一些影响呢?

当然不是!运用逆向思维没有错,但是一定要注意方向。如果做错了事,你用逆向思维去缓减心理压力,这是没有问题的。事物本身是有对错的,对就是对,错就是错,但如何知道自己错在哪里,怎么改进,这才是问题的关键。

华盛顿是美国第一位总统。在他还是个孩子的时候,曾砍掉了父亲的两棵樱桃树。父亲回来后,非常生气,暗自思量:"如果我查出来谁砍了我的树,我要狠狠揍他一顿。"于是,他到处询问。当他问儿子时,华盛顿开始哭了起来。"我砍了你的树!"接着,他把事情的经过告诉了父亲。父亲抱起他说:"我好聪明的孩子,我宁愿失去一百棵树,也不愿听你说谎。"华盛顿开始认真反思自己的错误,并从错误中认识到"诚信"的重要性。

在这个故事中，华盛顿认识到"砍树"这件事是错误的，这是一种顺向思维。但是，在父亲的帮助下，他意识到主动认错是一种诚信，是一种品质，这是一种反思。

在现实生活中，大多数人的反思仍然是依据惯性思维，幻想所谓的错误原因，没有真正用心审视错误，没有再重新尝试，只是了解错误，而不是用行动去证明，去发现错误的价值。所以犯错之后，不但要养成反思的习惯，也要注重反思的质量。

正话反说,高情商表达更服人心

正话反说体现的不只是一个人的语言能力,更是其情商的体现。在特定的情况下,从另一个角度深入话题,能使原本困难的交流变得顺利起来,让听者在比较舒坦的氛围中接收信息。所以,高手说话反逻辑、不走寻常路,不是哗众取宠,而是另有深意。

逆转思维

反向切入观点，对方更容易接受

在日常交谈中，总会有一些让我们不便、不忍，或语境不允许直说的话题，需要把"词锋"隐遁，或把"棱角"打磨得圆融一些，或从相反的角度切入，使语意软化，便于听者接受。即说话人故意说些与本意相关或相似的事物，来烘托原本要表达的意思。

在特定的情况下，采用正话反说的方法，会收到意想不到的奇效。正话反说也是交谈中的技巧之一，其特点是，字面意思与本意完全相反，让听者自行去领悟。

古代，一位母亲有两个儿子，大儿子开染布作坊，小儿子做雨伞的生意。

这个母亲老是发愁，愁什么呢？

她说："下雨天，怕大儿子的染的布没法晾干，天晴了，又怕小儿子的雨伞没有人买。"

对于这个例子，用逆向思维的方式该怎么去开导这位母亲呢？其实很简单，可以这样和这位母亲说："雨天呢，小儿子的雨伞卖得好，晴天呢，大儿子的染布又能很快被晾干。"可以想象到，听了这些话，这位母亲就不会发愁了。

4 ▶ 正话反说，高情商表达更服人心

所以，在一些特定的情况下，采用正话反说的方法，会收到意想不到的奇效。反说出来的话能使原本困难的交往变得顺利起来，让听者比较舒坦地接收信息。

战国时期，楚国有一位善辩的高手叫优孟，他善于在谈笑之间劝说国君。楚庄王非常喜欢自己的爱马。他会给马披上华丽的衣服，并把它养在豪华的房屋里，马站的地方铺有床垫。后来，马因吃得太好太多，患肥胖病死了。庄王不仅准备给马做棺材，还要用大夫的礼仪安葬，并下令文武大臣给马戴孝。

群臣一致反对，认为这样做不妥，于是纷纷上书劝庄王别这样做。楚庄王十分恼火，对群臣说："要是谁再敢对葬马这件事进谏，就要谁的命！"

于是，群臣都不敢说话了，只有优孟听到庄王的命令后，来到了殿门，刚步入门阶就仰天大哭。庄王见他哭得这么伤心，觉得很惊奇，问他为什么大哭。

优孟说："这匹死去的马，是大王最疼爱的，楚国是堂堂大国，用大夫的礼仪来安葬，礼太薄了，一定要用国君的礼仪来安葬它。"

楚庄王见优孟不像其他大臣那样劝谏，而是支持他的主张，非常开心，于是问他："依你的看法，该如何办才好呢？"

优孟说："以雕工做棺材，用耐朽的樟木做外椁，以上等木材围护棺椁，派士兵挖掘墓穴，命男女老少都挑土修墓，齐王、赵王陪祭在前面，韩王、魏王护卫在后面，用牛、羊、猪来隆重祭祀，给马建庙，封它万户城邑，将税收作为每年祭马的费用。"

说到这里，优孟将话锋一转，指出了庄王隆重葬马之害："这样，诸侯听到大王对死马的葬礼如此隆重，都知道大王认为人卑贱

而马尊贵了。"

楚庄王听后，大为震惊，说："寡人要葬马的错误竟到了这么严重的地步吗？怎么办才好呢？"

优孟说："请让我为大王用葬六畜的办法来葬马：用土灶做外椁，用大锅做棺材，用姜枣做调味，用木兰除腥味，用禾秆做祭品，用火光做衣服，把它葬在人的肚肠里。"于是，庄王听从优孟的劝谏，派人把马交给掌管厨房之人去处理，不让此事传扬出去。

优孟采用的办法就是正话反说，不直接说出自己的意思，而是从相反的方向委婉含蓄地表达自己及众大臣的意愿，好让楚庄王接受。

优孟因跟随庄王多年，非常了解庄王的性格，他知道，如果此时忠言直谏、强行谏言，肯定产生不了任何效果，所以干脆从称赞、礼颂楚庄王的做法入手，来烘托相反的，实则劝谏的真意，从而让庄王做出自己预期的决定。

正话反说，是人们在办事说话时常用的一种方法。在人际交往中，只要多运用逆向思维，去锻炼逆向思维，可以解决许多沟通方面的难题。例如巧用语气助词，把"你的这种做法不对！"改成"你这样可能会产生某种后果，这种后果……"然后，让听者自己理解这种后果的严重性，自然也就容易接受你的建议或意见。千万不要"乱放炮"，因为每个人都需要自尊，需要面子。

在沟通过程中，大多数人之所以说话没有说服力，是因为不善于逆向思维，一味地考虑自己，只顾谈论自己。尤其是表达一些观点时，如果正面表达容易引起对方的抵触，那么就反向切入，以对方感兴趣的方式表达出来。

避免尴聊，逆转思维找话题

在人际交往中，最让人感到不自在的情形之一就是尴聊。好多人都有过这样的经历：与别人交流时，寒暄过后，总会感到无话可说，或者只能搪塞一阵，讲不出任何新东西。没的聊，聊不到一个频道，或是勉强聊一些乏味的东西，对双方都是一种心理折磨。看下面这个例子：

有人给一个小伙子介绍了一个对象。小伙子经常找对方聊天。

小伙子："在吗？"

姑娘："在。"

小伙子："你吃饭了吗？"

姑娘："吃了。"

小伙子："你在干什么？"

姑娘："上网。"

小伙子："你那里天气好吗？"

姑娘："还可以啊。"

小伙子："哦，那你忙吗？"

姑娘："不忙。"

然后就没有话题可讲了，过了一会儿，小伙子又问："没事，就想问问你忙不。"

姑娘:"我说了,不忙,就先这样吧。"

结果,没聊两分钟就结束了。

不少人都经历过这样的尴聊,这个时候,脑子里总是会想:我该说些什么。但就是想不出新的话题,当把事先准备的话题聊完后,就进入了一个死胡同,就成了一个哑巴。这也是许多人把天聊死的原因。其实,我们可以反转一下自己的思维,不要只关注聊天话题,而要多关注聊天本身,如该怎么去聊天。如果上面例子中的小伙子能改变一下思路,按下面的方法聊,效果一定错不了。

小伙子:"在吗?"

姑娘:"在。"

小伙子:"吃饭了吗?"

姑娘:"吃了。"

小伙子:"这么早就吃了,都吃的什么呀?"

姑娘:"牛肉面啊。"

小伙子:"是你自己做的吗?"

姑娘:"我不会做饭,叫的外卖。"

小伙子:"啊!怎么会呢?一个女孩子不会做饭,看你怎么嫁得出去!"

姑娘:"以前在家都是妈妈给做。"

……

小伙子:"那就明天上午,我在你们公司楼下等你。"

姑娘:"嗯,明天见。"

看,都约会成功了!

在这个案中,我们可以看到,小伙子每聊一两句,就会带出一个新的关键词,从而展开一个新的话题。如果某个话题对方不感兴趣,或是有抵触心理,便会返回去。这样,整个聊天过程自然、紧凑,而且气氛很轻松,不但能和对方聊到一块儿,而且对方也想聊。如果只是将话题局限在某几个方面,很容易把天聊死。

所以,在聊天过程中,要想把天聊好了,需要运用逆向思维:

(1)少自说自话,多考虑对方

有些人只对自己感兴趣,不管遇到谁,都只讲与自己相关的事。他们的话题也是围绕着自己转,而很少关注别人的兴趣所在。你讲大家都感兴趣的话题,每个人都能聊上几句。相反,你说的话没人感兴趣,自然没人理你。哪些话题是大家都能聊,而且都想聊的呢?一般来说,有这么几个,如名字、明星、家乡、气候、歌曲、电影、热点事件等。

如果你连这些话题都没有,难免要尴聊了。别人说什么,你都接不上:别人说足球,你不感兴趣;别人谈明星,你没听说过;别人谈音乐,你不太懂……这样的话,大家没有"共同语言",想聊到一起也就比较难了。

聊天,就是互动,双方必须要进入同一个频道,只有把自己想说的,变成对方想听的,才能聊得嗨。所以,找话题时,一定要换位思考,不要自说自话。

(2)少比较优劣,多描述特征

有些人在一起聊天,虽然有说不完的话题,但是没聊几句,就会抬杠,你说这个对,他说那个正确,结果,非但聊不到一个频道,还会聊出一肚子气。所以,在聊天时,当你想说某个人帅,某个东西不好,某个观点不对时,不妨逆转一下思维。说话要尽量描述特点,少发表个人评价,尤其是掺杂个人情感的论断。否则,个人好恶太过明显，就会让人感到刺耳，毕竟每个人的观点与喜好都是不同的。

（3）少问封闭式问题，多问开放式问题

有答有问，问得好，答得妙，聊天才能深入、顺畅地进行下去。问别人问题，一定要多问对方开放式的问题，这类问题比较容易回答，如果是问封闭式的问题，很容易终结话题。

有些话题越说越紧，而有些话题越聊越开。主要是因为提问方式。如果不想冷场，聊天时就不要问一些越聊越紧，或者别人无法回答的问题。

比如，顾客问销售员："你干这行有10年了吧？"

"嗯。"

"现在生意不好做，这行也很难，是吧？"

"是。"

结果两个问题下来，对方就不想再搭理他了。

其实，完全可以这样问对方"你是怎么看待行业前景的？"或是"你入行这么久，对新入者有什么建议？"

问这种开放式的问题，需要一种发散性的思维——从一个问题到另一个问题的联想，必要的时候，还要能够逆转思维，创造一些新颖的话题，如大家都认为某个观点是对的，你认为这种观点恰恰是错误的，如此，便会调动对方的好奇心。

所以聊天的目的不是为了得出某种结论，而是为了营造一种轻松的氛围，让大家都愿意说，且能说到一块儿去。所以，要想场面好看，话就不能落地，得一直有东西可以聊。你越是能够举一反三，从一个话题引出另一个话题，就越能显出你的聊天本领。如果你不善于聊天，还不愿改变刻板的聊天套路，那只能成为一个让人扫兴的话题终结者。

反逻辑说服，更有说服力

曾经有这么一句名言，"如果我能说服别人，我就能转动宇宙"。可见说服力对人们的影响有多大。说服是一门很神奇的技巧，在说服他人时，如果学会逆转思维，那么就可以把自己的思想装到别人的脑袋上，让别人按着自己的想法去做事情。

有一家人决定搬进城里，于是去找房子。全家三口，夫妻两个和一个5岁的孩子。他们找了一天，直到傍晚，才好不容易看到一张公寓出租的广告。他们赶紧跑去看房，房子布置得很好，而且租金也不高。于是，丈夫前去敲门询问。这时，温和的房东出来，打量了三个客人一番。丈夫问："这房屋出租吗？"房东说："真是对不起，我们公寓不招有孩子的住户。"丈夫和妻子听了，不知如何是好，只好默默地走开了。走出一段距离后，5岁的孩子又转身跑了回去，并敲房东的大门。

门开了，房东又出来了。这孩子精神抖擞地说："老爷爷，这个房子我租了。我没有孩子，我只带来两个大人。"房东听了之后，高声笑了起来，决定把房子租给他们住。

我们需要在不同场合下去说服我们的同事、上司、朋友、客户，但很多时候，就算我们把嘴皮子磨破了，还是无法说服他人按自己的意愿行事，最终功亏一篑。说服一个人真的有那么难吗？其实，说服并不难，说到底是因为我们没掌握说服的核心逻辑——逆向思维。

很多人相信，"晓之以理，动之以情"是一种高明的说服技巧。其实不然，如果你用这种方式去说服别人，那就落入了常规思维的陷阱。为什么这么说呢？因为，人们的很多决定都不是在理性状态下做出的，而是在非理性，或是感性的时候做出的，甚至连自己都不知道为什么要这样做。所以，有时你会产生一种"多说无益"的感觉，好像不管怎么说，都无法说服对方改变行为。这个时候，不宜正面强攻，而要逆转思维，正话反说。

有个人牙痛，便去医院拔牙。医生技术娴熟，很快就把牙拔掉了。医生虽然技艺精湛，但是病人觉得一分钟不到就被医院赚了300元，心里有点不爽，他一边付钱，一边揶揄地对医生说："你们牙医真会赚钱，只用30秒钟就赚了300元。"

医生没有直接反驳，只是笑道："你要是愿意的话，另一颗牙我可以慢慢地给你拔。"

病人一听，笑了："不，不，还是请快些给我拔吧！"

面对病人的挖苦，医生的回答非常巧妙。他没有正面驳斥，而是接着对方的话茬说下去，答应慢慢地拔另一颗牙。无疑，这种正话反说的方式，将了对方一军，使自己化被动为主动。

还有一个类似的例子：

有一位太太认为自己的丈夫在外面鬼混,于是到处向朋友诉苦,她希望得到朋友的安慰。

谁知有一位朋友听了之后,却说:"你的丈夫怎么这么不像话,还是趁早离了吧,免得将来受苦。"

听朋友以这种口气说话,她回了句:"其实,我丈夫并没有坏到这种地步,还不至于要离婚。"之后,她再也不向朋友倾诉丈夫的不是了。

当你不同意别人的看法,想要反驳他的时候,最好先想清楚:若是直接反驳,会不会有麻烦?为了稳妥起见,最好还是先赞同对方的观点,再采取正话反说的方式,引导对方主动思考,从而让他意识到自己的问题。

在说服难缠的对象时,你的话术逻辑越普通,对方就越容易拿出应对策略,说服的难度就越大。运用逆向思维,反逻辑说话,会加大对方说"不"的难度。所以,普通的逻辑与思维,只能让你成为普通的人,不平常的思维,才能让你做成不平常的事,成为不平常的人。

让他听你的，不是证明"你错了"

大家看过辩论赛，双方针对某个观点，会从正反方面进行辩论。作为比赛，最后总会分出胜负，但问题是，获胜的一方是因为说服对手而赢的吗？当然不是！其实，评委的观点给了我们答案：只是一方的思维方式、语言逻辑更胜一筹。

可以说，从来没有一次辩论，能让一方心悦诚服地服从另一方的观点，即使被驳得哑口无言。这是不是说，我们就没有办法说服他人？不是！如果你将"把别人驳得无话可说"视为说服，那你永远也不可能说服任何人，因为说服不是证明"你错了"。

在说服过程中，破坏力最强的莫过于这三个字"你错了"。它通常不会造成任何好的效果，只会带来一场不快、一场争吵，甚至能使朋友变成对手，使情人变成怨偶。

"你错了"这三个字，破坏力为什么这么大呢？

这是因为，在沟通中，每个人都会按照常规思维考虑问题，没有几个人会逆向思维。况且，大多数人都具有武断、固执、嫉妒、猜忌、恐惧和傲慢等缺点，所以我们很难向别人承认自己错了。而且一个人说错话或做错事，总是有原因的，即使明知自己错了，也会强调客观原因，认为错的有理。正如罗宾森教授在他的《下决心的过程》一书中所说：

4 正话反说，高情商表达更服人心

我们有时会在毫无抗拒或被热情淹没的情况下改变自己的想法，但是有谁说我们错了，反而会让我们变得更加固执，甚至迁怒对方。我们会毫无缘由地形成自己的想法，当有人不赞同我们的某种想法时，反而会促使我们去全力维护这种想法。显然，不是那些想法有多么珍贵，而是我们的自尊心受到了伤害……我们愿意继续相信以往相信的事，而若我们所深信的事被人怀疑，我们就会尽力找借口为自己辩护。结果呢，那些我们眼中所谓的推理，却成为找理由来继续相信我们已经相信的事物。

许多情况下，即使对方的观点站不住脚，而且也意识到了其中的问题，当你说出"你错了"的时候，出于面子，他也会顽固地坚持自己的立场。

所以，当你对一个人说"你错了"时，必然会撞在他固执的墙上。不论我们用什么方式说"你错了"，哪怕是一句话、一个眼神、一种语调，甚至是一个手势，只要让他感觉到"你错了"的意思，他就绝不会给你好脸色！因为你直接打击了他的智慧、判断力、荣耀和自尊心。这样，只会激起他反击的欲望，但决不会让他改变心意。即使你搬出孔子或柏拉图理论，也改变了他的成见，因为你已经伤了他的感情。假如对方真的错了，想让他承认并纠正错误，也应该避免"你错了"或类似的说法。即使你站在真理这一边，也要用最温和的态度、最委婉的方式让他意识到自己错了。

所以，在指出别人错误的时候，一定要学会逆向思考，不要让对方察觉到"你错了"这三个字。正如一位智者所说："必须用若无实有的方式教导别人，提醒他不知道的事情好像是他忘记的。"

有一位先生，花三天时间写了一篇演讲稿，他认真地撰写、修改并润色。他认为演讲稿写得十分出色，得意地读给妻子听。妻子认为这篇演讲写得一般，但是没有直接说"你写得太差劲了，都是老生常谈，别人听了一定会打瞌睡的"。而是说："如果这篇文章是投给报社的话，肯定算得上一篇佳作。"换句话说，她在赞美的同时，巧妙地表达出"它并不适合演讲"这一层意思。丈夫听懂了，立即撕碎了精心准备的手稿，并决定重写。

这位妻子并没有表达任何否定的意思，却达到了否定的目的，她的聪明之处就在于，运用逆向思维，来表达对方不愿意接受的观点。

在现实中，如果事情到了不得不说"你错了"的地步，也要注意表达方式。

（1）让对方明白你的好意

你指出对方的错误，到底是为了贬低他，还是为了他好？他也许并不明白。所以，说"你错了"的时候，一定要让他感到你的善意。当然，讲话时态度谦和诚恳，用语不能尖刻，否则对方就会以为你在教训他。另外，在他认识到你的好意后，表达一些无关紧要的观点时，尽量坦诚一些，无须处处隐匿。

（2）选择适当的场合和时机

原则上讲，要在对方情绪比较稳定的时候指出他的不足之处。人在情绪激动，或是情绪低落的时候，辨别是非的能力也会下降，而且很自我。这个时候，你讲得再对，他都未必听得进去，所以，要在对方心情平和、头脑冷静的时候，和他交流你的观点。再就是，谈及个人隐私、自尊的事，最好避开第三者，以一对一的方式进行。

（3）不要进行评价与比较

如果对方有错，必须要指出来，一定要点到为止，就事论事，多些客观描述，指出哪里做得不对，错在什么地方，原因是什么，但不要掺杂任何个人评价，也不要表达个人好恶，更不要与别人进行比较。否则，会让对方产生逆反心理。

除了上述几点，还有一点很重要，那就是不要对别人的错误太敏感，或在指出别人过错的同时，一味执着于自己所谓的正确。多进行逆转思维，尝试站在对方的角度看问题，了解其为什么会犯你所认为的错误。这比指出他的错误，强调你的正确更有现实意义。

要多听少说,别"你听我说"

在许多场合,造成沟通不畅的一个重要原因,在于沟通完全由一方主导。比如在一些论坛中,当有人发言的时候,他会立马觉得整个舞台都是他的,他不但要完全掌握话语权,还要决定谁可以说,说多少,谁不能说。结果自己的话说不好,还不让别人好好说话。

在沟通中,我们都强调换位思考,即,你是发言者,不是主持人,即使在非常正式的场合,我们也要尊重别人的话语权。我们经常会听人说"你听我说",一句不行,再来一句。言外之意就是:你说得够多了,或是你说错了,现在就让我来告诉你如何如何吧。这种说话方式欠缺礼貌,易引起对方的反感。

A君有个突出的优点,做事很积极,同时,他也有一个突出的缺点,爱打岔。有一次,公司开例会,经理让大家发言,A君第一个站起来,一口气说了10分钟。原本以为他把该讲的讲完了,结果在其他员工发言的时候,他又时不时插一杠子:"你听我说,你这个想法不对。"最后经理做总结发言时,A君又憋不住了,在经理说话的空隙,他又来了一句:"你听我说,这个方案真不行。"

大家都知道他这个毛病,有人也提醒过他,但是他总是改不了。后来，有他参加的会议，经理都会特别强调一句：每人发言不要超过3分钟，别人发言的时候不要插话。在会上，虽然A君不再讲"你听我说"，但他发言的时候，还是会刻意纠正别人的观点，把没来得及插上的话再讲一遍，所以，大家都不爱听他的发言。

倾听，也是一种说话的方式，为什么要匆匆地打断别人呢？没有倾听就没有沟通，你对别人的讲话没有耐心，别人又怎么愿意倾听你的声音呢？尤其在公众场合，别人讲话的时候，一定要少插话，在自己开口之前，让别人把话说完，体现的是你的风度，你的修养。

如果非要打断别人，让别人"你听我说"，一定要做一些逆向思考，体现出高明的插话技巧：

（1）"不好意思，我打断一下"

当多人在探讨问题时，你要与其中的某一个人说几句话，可以先和他打个招呼。如，"很对不起，打断你们一下"。当他们停止交谈时，用尽可能简洁的语言表达你的意思，然后再补充一句"你们继续"。如，在新员工培训课上，经理要求大家分组讨论，但是发现有一个小组虽然讨论得很激烈，但大家的观点都是错的，于是，他停下来说："不好意思，我得打断你们一下。"然后把自己的想法讲给他们听。但是，有的部门经理不这么做，见大家没有讨论，或观点是错误的，便会走过去，敲着桌子说："停，停，停，全错了！"这样，即使他讲得再正确，大家可能也没有兴致听。

（2）"请允许我补充一点"

在交谈的过程中，如果你想补充另一方的谈话，或联想到了与议题有关的其他问题，想当即做点说明，可以对谈话者说"请允许我补充一点",然后再说出自己的意见。但插话不要过多,以免扰乱对方的思路。说话高手经常这么做,有时他明知对方是错的,也不会直接说"错了,错了,我纠正一下",而是会说"请允许我补充一点",其实补充的这点,就是为了纠错对方的错误。另外,有时讲"请允许我补充一点"可以调节谈话的氛围,增加讨论的热度,让场面不显得过冷。

(3)"请等一下,我有点事儿"

如果你不同意对方的观点,一般也不要打断他的谈话。如果相互之间比较熟悉,或者事情比较重要,你可以先表明态度,等对方说完后再进行详细的阐述。如,在某件事上你与同事分歧较大,在他发言的时候,你觉得有必要打断一下,可以说"请等一下,我有点事儿",至于有什么事儿,你得提前想好了,或是去接个电话,或是上个洗手间,总之,你得做得像模像样。如此,就间接地暂停了对方的讲话,且礼貌而得体。

用"你听我说"打断别人说话的时候,很容易引起对方的不快,有时甚至会产生不必要的误会。在公众场合,一个能换位思考的人不会随意打断别人的谈话,即使对方长篇大论地说个不停,也绝不会贸然讲"你听我说"。

最好的拒绝，就是"不想拒绝"

心理学家詹姆斯·佩尔法德说："拒绝会让一个人产生价值。"乍一听，很多人会觉得佩尔法德疯了，在说胡话。但细细一想，确实很有道理。

拒绝能得到尊重，一味顺从却只能加重被践踏。这不是在正常思维下能得出的结论，但现实世界却一直在证明这个事实。一个懂得拒绝的人得到的尊重一定比不懂拒绝的人得到的尊重多。佩尔法德这样解释这种反常的现象："每个人的基因中都携带着欺软怕硬的因子，对于拒绝了自己的人，人的潜意识中会将对方视为'麻烦'，对于'麻烦'，每个人都会'怕'，这样'怕'一个人的概念就形成了。而对不拒绝自己的人，人的潜意识里会将对方视为'剥削'的对象，会形成继续'欺'的意识。"这就是为什么拒绝别人反而会让自己产生价值的原因。

现实生活中，很多人出于面子、身份、地位等原因，不懂得拒绝，也不敢拒绝。有些人明知道对方提出的要求不合情理，也有一大堆拒绝的理由，但是"不"到嘴边就是说不出来，最后还是咽了回去。结果成了绵羊的化身，答应了别人的很多要求，最终却得不到应有的尊敬。

所以，可以做老实人，说老实话，但是，该拒绝他人的时候，也要"实实在在"地拒绝。当然,最好的拒绝不是直来直去,要避免直截了当地回绝。如,不等对方说完就一口一个"不行""不可以""这怎么行"等。这样是干净利落,但让对方下不了台,面子上过不去。所以,即便是拒绝,也不用如此决然,而要学会运用逆向思维,别在拒绝中直言那个扎心的"不",而要语中藏"不",做不想拒绝的拒绝高手。

下面介绍两种运用逆向思维拒绝他人的技巧。

(1)抓住对方的语言漏洞拒绝

最高明的拒绝方式,就是自己不说"不",借对方之口来回绝。也就是说,从对方的要求中找到其破绽,然后巧妙利用这个破绽,对方便会知难而退。

有一次,有位同乡找到吴佩孚,想在他的手下做个官儿。吴佩孚知道此人无才无德,但是碍于情面,便给他安排了一个副官的闲差。不久,这位同乡嫌官太小,就给吴佩孚写了封信,说:"我愿意率一旅之师,讨平两广,将来班师凯旋,一定解甲归田,以种树自娱。"看到同乡的要求,吴佩孚感觉好气又好笑,便提笔写道:"先种树再说。"

这位同乡没有才能,觉得自己是吴佩孚的同乡,便想让吴佩孚授予其军权,还想讨平两广。吴佩孚自然不会允许,让这位不自量力的同乡先行"种树"去了——将先凯旋后种树,变成先种树后凯旋。

对于一些提出无理请求的人,拒绝是必需的。但如果自己说对方自不量力,显然会得罪人,这时,可以反过来思考,利用对方的想法回击对方。

（2）提前堵死被请求的机会

别人有求于你，定是因为你有可利用的价值。当你不介意被利用时，那就不必在意谁来求你，如果你非常在意被人利用，那可以提前做好防御，将对方可能对你提的要求提前挡回去。

某君在城里打工。有一天，他突然给老婆打电话，说他被砖头砸了脑袋，住进了医院，要花不少医药费，让老婆马上去借钱，没钱治就会留下后遗症，以后就什么也干不了了。家中没有一点积蓄，老婆犯了难：谁能借给自己钱啊？但为了丈夫，她还是拉下面子到亲朋好友家借钱，但得到的答复都是"没钱"。一连三天，跑了十几家，也没有借到一分钱，谁家也不愿意借钱给她，怕她还不上。

正在她不知所措时，某君居然回来了，而且精神还不错。于是她疑惑地问："你的伤好了？"

某君笑着说："我是被砸中了，但不是被砖头，而是被彩票。实话告诉你，我花2块钱买了张彩票，居然中了50多万啊！"说完，从兜里拿出一个存折，说："除了交税，所有的钱都在这里了。"

他的老婆非常惊讶，她抢过存折，翻开一看，激动得差点晕过去。她又哭又笑地捶打丈夫说："有钱了，为什么还要让我到处去借？你知道现在借钱有多难吗，我连人家门都进不去啊！"丈夫反问："借了多少？"她摇了摇头说："一分没借到，都说没有钱。"

某君拍着大腿说："好！太好了！等他们知道我们有钱了，看谁有脸来借钱！"

逆转思维

在这个故事中,某君运用逆向思维,先让老婆去四处借钱,结果都碰了钉子,一分钱也没有借到。如此,先对方一步,用别人对自己的方式来反击别人。也就是说,不等别人来求他,他自己先把被人求的可能堵死了。

一般来说,别人怎么对你,取决于你对别人的态度。反过来,你怎么对别人,也取决于别人对你的态度,这是相互关联的。

所以,采用逆转思维的方式拒绝是一门艺术,运用得好将为自己扫清很多麻烦。当有些要求不能答应,不必答应,不便答应时,一定要学会拒绝,不要让一些麻烦事消耗自己的精力。但是,在所有的拒绝中,最高明的拒绝非逆向拒绝莫属了,因为这种拒绝听上去合情合理,不但可以制造一种"我不想拒绝"的假象,而且可以彻底打消对方的念头。

为人圆融非奸佞，有时太实在会误事

看一个人的善恶要看他的道德，看一个人的处世智慧要看他是否圆融。圆融是一个人的人生态度和处事智慧。现实生活中，层次越高、情商越高的人越圆融，正如鬼谷子所说："人生在世，如阴与阳，如圆与方。"有时，做人就得圆融点，圆融地示弱，圆融地糊涂，圆融地生存……

逆转思维

做人圆融，事情才能圆满

在人际关系方面，我们都希望彼此能够坦诚交流。但现实社会中，我坦诚了，不代表对方也会坦诚待我，学会保护自己，肯定得戴上一些面具。从这个角度去思考会发现，做人圆融是一种处世哲学，只不过，我们一提到"圆融"，就觉得它是个贬义词。一般，处世圆融的人，情商都不会太低，但也不能说情商高的人，都比较圆融。圆融的人，通常做事情能够平衡各方关系。

当自己或他人不愿意面对的事情出现时，圆融的人能够逆转思维，去理解他人，然后以一种让别人舒服的方式解决问题。这样的人，又有什么理由不被人喜欢呢？

有好多人认为，一个好人就应该实在、单纯，只是仅凭实在、单纯，很容易吃亏受骗，还可能成为受害者。

王羲之是历史上著名的大书法家。他出生时，家族刚刚协助琅琊王登上皇帝宝座，新皇帝封其家族成员做了高官，还下嫁公主。所以，他的家族地位非常显赫，家庭条件非常优越，很少会遇到烦心事，这也造就了他单纯善良的性格。

他有个伯父叫王敦，娶了公主被封大将军。王敦从小看着王羲之长大，所以格外喜欢他，常邀请他到军营里玩，有时玩累了就在王敦的营帐里睡觉。

有一天，王敦起床后不久，从帐外跑进来一个谋士。王敦立刻令所有奴仆退下，两人开始商议谋反的事。王羲之睡得迷迷糊糊，却听见了两人的谈话，不由得吓出一身冷汗。密谋造反那可是杀头之罪。王羲之再也睡不着了，他不知该怎么办？

王羲之有个毛病，就是睡着后经常流口水。于是，他用手不停抠嗓子，弄了一堆口水涂在脸上，再吐些唾沫在枕头和被子上，然后假装熟睡。

王敦谈到一半，突然想起床上的王羲之，心里想"不好"，便提着刀来到床边，想把王羲之杀掉。当他看到王羲之脸上、被子上、枕头上都是口水，便认为王羲之在熟睡中，于是带着谋士出了营帐。

王羲之回到家中，把事情告诉了父亲王旷。因为事关"株连九族"，于是王旷赶紧把这件事情禀报给皇帝。

在这个故事中，如果王羲之一如既往地表现自己的单纯，可能脑袋就搬家了，而且还可能会被灭族。王羲之虽然是个单纯实在的人，但在关键时刻，学会了假装，从而救了自己一命。

所以说，当碰到一些自己都想不到的突发情况，要让自己变得"圆"起来，就必须摆脱一些固有思维或做事方法的束缚。

在现实生活中，怎样做一个圆融的人呢？有人说，就是阳奉阴违，就是表里不一，深藏不露，见人说人话，见鬼说鬼话。其实，这只是我们对"圆融"的固有认识。现在，我们需要逆转思维，来重新认识所谓的"圆融"。要做个圆融之人，至少要能够圆融地做事，而且让别人都喜欢你，愿意和你说话。也就是说，在如今的社会中，想更好地适应社会，应讲处世方式。

逆转思维

下面的这个故事，不少人都听过。

朱元璋建立大明朝后，豪情满怀，为了一揽自己的江山，便请宫廷画师周玄素为他在官廷的墙壁上画一幅《万里江山图》，以显示自己的丰功伟业。周玄素一听，吓得浑身发抖，该如何画这幅万里江山图呢？冷静下来后，他突然有了主意，对朱元璋说："我不曾游历九州，不敢奉诏。请陛下先草创一个规模，然后臣稍做润色。"于是，朱元璋挥毫泼墨，勾勒出一个草图，然后退后数步，自我欣赏，并对周玄素说："可为朕润色之。"周玄素委婉地说："陛下山河已定，岂可动摇？"朱元璋一听，只好作罢。

不得不说，周玄素是个圆融的人。他说"陛下山河已定，岂可动摇"，既迎合了皇帝渴望江山永固的心理，也把它作为自己不想作画的借口。这句巧妙的应答，不但没有得罪朱元璋，而且还因此得到重赏。周玄素凭借自己的圆融，圆满地处理了这个棘手的问题。如果他比较实在，定会触怒龙颜，甚至性命难保。

在物欲横流的社会中，本分做事，坚持原则值得赞赏，但如果为了守住"老实""本分"的名声，而不思变通，反而损害了自己或他人的利益，那就真的太天真了。

换个角度看，吃亏也是占便宜

吃亏就是占便宜，这句话听起来自相矛盾，其实，换个角度看，它真的很有道理。在现实生活中，如果大家都耍小聪明，都不想吃一点亏，都想着占别人的便宜，那社会永远不会有一个好的秩序。如果每个人都抱持这样一种态度：吃一点小亏无所谓，你要贪就让你贪一点，我不希望占别人的小便宜。在生活中，该规矩的时候就会规矩，该排队就一定排队，管别人排不排队。如此，整个的社会就会改变过来。在一个社会中如此，在一个团队中也是如此。

所以，关于吃亏这件事，不要只看眼前，要看结论，这不是一种阿Q精神，或是一种自我安慰，而是一种做人的智慧、处世的哲学。许多时候换个角度看，吃亏就是占便宜。

有这样一个小故事：

有一位富豪到华尔街银行借5000美元，借期两周。当然，向银行贷款须有抵押，富豪便用停在门口的劳斯莱斯做抵押。银行职员说："您借的时间越长，借的越多，利率越低，您看要不要再多借一些？"富豪说："5000美元足矣。"于是，银行职员将他的劳斯莱斯停在地下车库里，然后借给富豪5000美元，两周后富豪来还钱，利息仅15美元。

银行职员发现富豪账上有几百万，有些不解，便问他为什么只借这点钱。富豪说："15美元两周的停车费，在这座城市打着灯笼也找不到啊。"

有些事情，从常规的角度看，似乎是吃了些亏，但从另一个角度看，却是占了大便宜。这就是智慧。善于逆向思维的人，总是能从别人看似吃亏的事情中看到好处，占到便宜。无独有偶，有一位犹太人也到华尔街的一家银行贷款。

当他坐下来后，银行的经理问他："请问先生，我可以为你做点什么？"

"我想借些钱。"

"好啊，你要借多少？"

"1美元。"

"不错，只需要1美元？"

"不错，只借1美元，不可以吗！"

"噢，当然，不过只要你有足够的保险，再多点也无妨。"经理耸了耸肩，漫不经心地说。

"好吧，这些做担保可以吗？"犹太人从豪华的皮包里取出一堆股票、国债等。

"总共50万美元，够了吧？"

"当然，当然！不过，你真的只要借1美元吗？"经理有些疑惑。

"是的。"

"年息为6%,只要您付出6%的利息,一年后归还,我们就可以把这些股票退还给您。"

"好的。"

随后,他从银行借了1美元,并将股票等抵押给银行。

一直站在旁边的行长有些不明白:拥有50万美元的人,怎么会来银行借1美元。于是,他上前追问说:"我有些搞不懂,你拥有50万美元,为什么只借1美元呢?你不认为这样做你很吃亏吗?要是你想借三四十万美元的话,我们也会很乐意……"

"哦,是这样,在我来银行之前,问过几家金库,他们保险箱的租金都很昂贵。所以我就准备在贵行寄存这些东西,一年只需要花6美分,租金简直是太便宜了。"

有些人不解:吃亏怎么能成了占便宜?看了这个故事后,是不是茅塞顿开?打破常规思维,换个角度去看问题,往往会有意想不到的收获。

在生活中,吃亏有两种,一种是主动吃亏,另一种是被动吃亏。上面的两个故事,主角都是选择主动吃亏。如果在我们事先不知情的情况下,被动吃亏,该怎么办呢?其实,这也是对我们心智与能力的一种考验。我们可以从以下两个方面来看这个问题:

首先,你吃一点亏,让别人占点便宜,对方心里多少会过意不去,所谓"吃人嘴软,拿人手短",所以,在必要的时候,他也会回报于你。

其次,太过计较小利的人没多大出息,因为他的思维都集中在如何获得一些微小的利益上,与这样的人计较,显不出你的格局,让他一点，反而显示出自己的气度与格局。

人心是一杆秤，如果你做到不斤斤计较，对别人不过分地苛求，宽厚待人，你周围的人就会信赖你，尊重你，你就会有一个宽松和谐的生活氛围，这大概就是吃亏是福的真谛。

可以没有架子,但要有姿态

有架子的人,给人的第一感觉是:猜猜这家伙是干什么工作的,有什么来头,怎会这般盛气凌人?尤其和有架子的人打交道,心里自然要增加一层怯懦,觉得还是谨慎为好。这或许是架子的妙用,所以,架子对做领导的人来说必不可少。

那何为架子?所谓架子,即一个人摆出的某种威严、傲倨,或者傲慢和跋扈的姿态。如果一个人对其他人的态度较和蔼、谦恭,或者说有点卑微乃至卑贱,这就算没有架子。架子在中国自古就有。史书记载,汉高祖刘邦打下天下后,因是绿林出身,没什么文化,当了皇帝仍习惯信口开河,时不时在手下面前说粗话。后来有个叫叔孙通的人就告诉他:"皇上,今天您当了皇上,不讲尊卑贵贱怎么行?我来帮您定个规矩,保准您取得绝对权威!而且,您也会真正感受到当皇帝的美妙滋味儿!"

定的什么规矩呢?就是朝仪,每当刘邦一出现,面前的人都要呼啦啦地跪在地上。刘邦感叹地说:"今天我才知道当皇帝原来是这样尊贵,这样痛快!"

其实朝仪也就是架子,无非是为了显示皇帝的尊贵。于是,由此皇帝就有了皇帝的架子,官员有官员的架子。官员在皇帝面前,那种架子就是跪拜式的、匍匐式的软架子。一转眼见了平民百姓，摆出的往往是昂首仰脸、鼻息如虹的硬架子、冷架子。

架子不仅在有权有钱的人那里盛行，即使在平常人当中也时常见到。如商界有老板架子，学界有教授架子，文学界有作家架子，艺术界有明星架子。在平民中，男人有"先生"架子，女人有"太太"架子；年纪大、辈分高的也可在后辈面前摆长辈架子。反过来的也有，儿子摆少爷架子，女儿摆小姐架子，孙子摆宝贝架子，孙女摆公主架子。可以说架子无处不在。

说白了，架子就是一种空壳而已，或像人们常常借用的梯子。它真正能让人尊重的，其实是骨架，即人的精神支架、道德支架或知识支架、才艺支架等等。此外的其他架子，包括建筑物兴建时必用的脚手架，最终还是要拆除的。人也一样，若自己瘦弱得要命，却非要凭一副虚架子硬撑，强充巨人，有谁能认同？

某君是一家公司的副总，一年前刚刚退休。退休后的生活略显寂寞与孤独，为了让自己过得更充实一点，他时常参加一些社交活动。机缘巧合，他参加了区艺术团，团里的一些人也知道他之前是一家公司的副总。大家口口相传，都把他当个人物，有人还提议让他来做艺术团的领导。

起初，某君表现得很低调，没有一点架子，时常与大家有说有笑。做了领导后，之前副总的架子也跟着来了。架子一旦拿起来，便很难再放下，结果与大家的距离越拉越大，最后受众人排挤，只好退出了，他还说和大家玩不到一块去。

可见，架子这东西，不该摆的时候，就要及时收起来，尤其是当你对别人没有大用时，人家是看不惯你的架子的，觉得你太做作，一天端个臭架子有什么用。

但也不是说架子一无是处，架子也有它的妙用。有人用来谈生意，有人用来找自信，有人用来找存在感。人总要在这个社会生存，就像穿衣服一样，一来遮羞，二来美观，架子也无非如此。架子不宜随便摆，但姿态一定是要有的。

科尔是一家公司的部门主管，性格温和，从来不挑下属的毛病，而且非常体谅下属的难处。今天谁不舒服了，可以请假，明天谁有事，可以请假，即便工作出现了差错，也不会说一句责备的话，没有一点领导的架子。后来，老板知道后，有意见了，直接辞退了他。老板亲自带这个部门，员工每天就像打了鸡血似的，工作效率倍增，还不敢有半句怨言。

这就是姿态！

好多人一味地善良，一味地实在，许多时候忘了自己应该有的姿态。人们常说："做人姿态不要太低。"因为现实生活会告诉你，如果你的姿态放得太低，意味着你把自己放在了一个比较低的位置，那么你的生活风险系数会很高。与人相处，如果你一味地对他人好，失去了应有的分寸和原则，那么你有可能被别人牵着鼻子走；在工作中，如果你太好说话，没有一点架子，那么也不会受到领导的重用以及他人的尊重；在恋爱与婚姻中，如果你爱一个人爱得失去了自我，爱得太卑微，那么很难有一个圆满的结果。

很多时候,姿态就是话语权。一个人姿态的高低,往往决定了他人生的层次以及受人尊重的程度。这里的"姿态"并非指高傲,也不是目中无人,而是心中有一套处事原则,细行律己,如此才能在人群中散发出让人敬畏的气场来。

别人表达不爽时,不要"帮腔出气"

有些人在求别人帮他出主意时,其实,他心里已经有了主意,并且还觉得这个主意不赖,他之所以要向别人求助,只是希望得到对方对自己某种想法的认可与支持。这个时候,如果你顺着对方的话急切地表达自己的观点,结果很可能是,对方非但不采纳你的意见,还会觉得你不解人情。

为什么?因为你们的思维不在一个频道上——对方心中早已有了主意,而你总是试图从另一个角度来理解他的意图。

所以,当别人向你诉苦,或是来征求你对某件事的看法时,不要急于出主意,要逆转思维想一想:对方是为了诉苦,还是为了宣泄,或是为了炫耀,抑或是为了寻找理解。在没有搞清楚他的初衷之前,要谨慎表现你的热心肠,否则错误理解了对方的本意,很容易造成一些误会与隔阂。

有一位太太,整天向几个姐妹抱怨:"我家那个死鬼,每天在外面喝得醉醺醺的,今天和这个老总吃饭,明天和那个领导应酬,一个月也在家吃不了几顿饭,我都快守活寡了。"

有的人听后,会说:"莫生气,你这样想就不对了,你老公是领导,又有本事,你要多理解他,其实他也想在家好好陪你……"

这位太太虽然嘴上说"唉,我真苦命哦",但心里还是美滋滋的。

有的人听她诉苦后,会建议她:"要这样不着家的老公干吗,快离了得了,说不定还整天在外面鬼混呢,要是我,早就和他离了。"

这位太太听后,一脸的不快,而且嘴上说:"不过呢,男人有本事,女人就得操心,只有没有本事的男人,才让老婆放心。"

事实上,这位太太的老公刚升职,工作之余,经常要参加一些应酬。虽然她嘴上抱怨老公,其实是在别人面前变相地夸老公有本事,是想得到别人的奉承。建议她离婚的那位女士,老公是公司的一位小职员,老实本分,而且非常听她的话,每天按时回家吃饭。但是,她没有听出那位太太的言外之意,乱出主意,惹得对方不高兴,心里有了疙瘩。如果像第一位女士那样,换一种方式说话,顺势夸一夸她那有本事的老公,定会让她觉得这个人真是善解人意,说话也让人舒服。

在平时的生活中,我们经常会听到亲友、同事抱怨或是诉苦:

"老板怎么这样,什么活都让我来干,养那么多人干吗?"

"我本来不想干这个职位,领导非要让我来负责,真是愁死个人呐!"

"你说我该不该去呢?人家既然盛情邀请,我不去又不成,去了,又不想应酬,唉。"

……

遇到这样的事情,有些人表现得比对方还急,不等对方把话说完，就会给出自己的一揽子计划，结果往往事与愿违。以后，人家再也不找他"探讨"问题了。遇到类似的情景，与其说对方来找你诉苦，或是征求意见，不如说是向你委婉地炫耀自己的得意之事，或者间接地表达自己的某种心境。

迪克一个人在办公室忙着，突然同事丹尼尔进来了，一屁股坐在沙发上，有气没力地说："累死我了，一上午谈了三个客户，有个女客户，不懂装懂，真是气死我了。"

迪克听了，不假思索地说："以后遇到这种人，别理她，更别生气，不值得。"

丹尼尔表现得有些小激动："不理她？说的倒好听，怎么能不理呢，不理能行吗？如果是你，你能做到吗？"

迪克本来还想安慰她，但丹尼尔却起身离开了，一脸的不高兴。

其实，迪克的表达确有需要商榷的地方。丹尼尔一口气谈了三个客户，又遇到个挑三拣四、不懂装懂的女客户，肯定是又累又烦，心情好不到哪里。她之所以和迪克说这件事，无非想宣泄一下情绪，顺便寻求一点安慰，而不是为了寻求解决问题的方法。

这时，迪克应该逆向思考，先表达对她的理解，而不应该正面劝说，或是给出一些带有指导性的建议。但是，他却这么做了。结果对方的感受是，你站着说话不腰疼，事情没有发生在你身上，你才会这么说。

当有人由于某种原因而产生伤心、愤怒等情绪，并寻求他人安慰时，最好不要提建议和劝说，更不能对对方的情绪予以否定。

许多时候，别人希望征求你的意见，你要知道，对方是期望你能做个出色的听众，还是对方真的不知所措，急切地想得到你的帮助。如果是前一种情况，那就做个高情商的听众，正确的做法是，逆向思考问题，深入理解他要表达什么，摸清了他的意图后再顺着他的心思，说一些让他感到舒服的话。

欲改变外部世界，先改变内心世界

有句话说："发生一件事，喜欢它就享受它，不喜欢它就要避开它，避不开它就改变它，改变不了就接受它，接受不了，是你的观念问题，而不是事情本事。"你能做成什么事，唯一限制你的是你头脑中的框框，你的外部世界永远反映你的内心世界，想改变外部世界，必须努力改变内心世界。

一次，南唐后主李煜派能言善辩的徐铉到大宋进贡。按照惯例，大宋朝廷要派一名官员与徐铉一起入朝。朝中大臣都认为，自己的口才不如徐铉，所以都不敢应战，宋太祖得知这个情况后，做出了一个出乎所有人意料的举动。他让人找来10名一字不识的侍卫，并随机在一个人的名字上圈了个圈，说："这人可以。"

在场的人甚是吃惊，但也不敢提出异议，只好让这个侍卫去见徐铉。徐铉见了侍卫，滔滔不绝地讲了一大堆，侍卫一句话也搭不上，只是在一边点头。徐铉见这个人只是点头，不知其脑子里想什么，有多大的本事，所以，只好硬着头皮讲。一连好几天，侍卫都没有说话，徐铉也讲累了，于是也不再吭声。

在历史上，这是一个有名的故事，有人称它为"宋太祖以愚困智"。按一般的思路，对付善辩的人，应该是找一个口才更好的人，但宋太祖则逆转思维，非要找一个文盲去应对。结果，这一做法引起了徐铉的猜疑，他既不敢轻视此人，又摸不透对方的水平，所以，没有发挥善言辩的特长。

生活中，大部分人遇事都只会顺向思考，许多时候，还觉得自己挺有优势，甚至在一些事情上会自以为是，但是，遇到一些"反常"事件时，就不知该如何应对，思维比较混乱。这是因为他们不善于逆转思维。

运用逆向思维可以让自己随机应变，掌握更多的主动，避免受制于人。内决定外，那么，在进行心理博弈时，该如何运用逆向思维呢？可以从以下几个方面入手。

（1）想听对方说，自己就少说

想要知道对方的想法，听对方的观点、意见，自己先要保持沉默。很多人认为，说话咄咄逼人，先入为主，才能掌握先机，让对手无法招架。

鬼谷子曾说："因其言，听其辞。言有不合者，反而求之，其应必出。"在没有摸清楚对方意图的情况下，首先要做的是倾听，根据对方的言语来判断他的言辞是否得当，当他说的话有矛盾或漏洞时，就反复对其诘难，那么他的回应自然就会暴露他真实的想法。

（2）想表现自己，先蓄势收敛

想要让别人都崇拜你，达到自己出人头地的目的，首先要收敛自己。做人要谦逊低调，这样别人更容易接受你、喜欢你。对于自己不懂的东西，就虚心求教，一边和他人保持和谐的关系，一边暗暗积累力量，蓄势待发，等到合适的时机一鸣惊人，或是在不声不响之间赢得人心，从而达到自己的目的。

（3）要得到高位，就放低姿态

想要获得更高的位置，先要降低自己的姿态。《道德经》说："欲上民，必以言下之；欲先民，必以身后之。"意思是：想要领导人民，成为引领者，首先要把自己的位置放在人民之后，处处为人民着想说话。所以，越是想要获得更高的职位，越要和下属更加亲近，把自己放得更低，这样既能让自己获得人心支持，又能让其他竞争者对自己放松警惕，从而达到升高自己的目的。

（4）欲获得利益，先有所付出

人际关系本质上是一种互利互惠关系。如果想从别人那里获得利益，就先有所付出。所谓有舍才有得，天下没有免费的午餐，永远不要想着自己获利，别人亏损。你想要从别人那儿获得自己想要的东西，就一定要先给予对方，让对方觉得有利可图。否则，别人是不愿意和你合作的。

在许多事情上，我们的第一反应往往是条件反射下的一种"想当然"。此时，我们缺少思考，尤其是缺少逆向思考，所以只看到了事情的表面，加之一些情绪的干扰，很容易做出一些错误的决定，或是像个木偶一样循着别人的逻辑做事。要避免由此导致的被动局面，就要学会逆向思维。只有先改变了自己的内心世界，才能改变外部世界。

思维扭转180度,做职场明白人

平凡没错,平庸没错,可如果把职场看错了,那就要犯大错。职场中,优秀的人做事未必拔尖,但绝对不会把职场看错。从现在起,别再单纯与想当然,换种思维看职场,在前行的路上你才会少些羁绊,少吃些规则的苦头。

不要只会忍,也要懂得冷

职场就是江湖,远没有你想的那么简单,有些事情你做不出来,不等于别人也不会去做。有些时候,你一味地忍让,认为这是一种气度、一种胸襟、一种美德,但换来的往往不是理解与善待,而是对方的得寸进尺、变本加厉,甚至是灾祸。

适度的忍让,是做人的气度;无底线的忍让,则是软弱的表现。不论在哪里,软得像稀泥的人,是不会、也不配被人尊重的,而且别人不会因为你好说话、软弱而瞧得起你。所以,只会忍,不会冷,永远是职场上的弱者,永远是输家。

A君是个职场新人,从相貌到智商,再到能力,都一如他的业绩一样,毫无过人之处,但是有一点,是别人无论如何都比不了的,那就是心地善良。入职前,他喝过不少心灵鸡汤。刚到公司,为了有上好的表现,他像打了鸡血般卖力工作。不管是分内工作,还是分外工作,只要有人招呼一句,他从不说半个"不",而且还表现得相当乐意。如:帮人拿个外卖,出去买个东西,或是今天谁值日来晚了,帮人打扫卫生。领导也经常在例会上夸他:"小伙子手脚麻利,而且团结同事,大家要多学习。"每每如此,他都觉得自己混得不错:和同事打成一片,也深得领导的信任。

但是,他这个"活雷锋",也惯出了同事的坏毛病,大家遇到什么事都是"有事找A君啊"。有些事,他做不了,也要难为情一回,不去做,怕之前的功课都白做,做吧,又感觉有点亏。新人多做一点没什么,但是,两个月没有谈成一个客户,却只顾着忙前跑后耍龙套,时间一久,领导有意见了:公司是请你来做市场的,你却在服务大众,要不要再给你发份薪水?

他这才恍然醒悟:为什么要去管那些闲事?本职做不到位,龙套耍得再好又有什么用?

一个人受欢迎,未必是因为这个人热心肠,受得了气,在一些事情上能忍,而在于这个人身上有一种磁场,它会吸引人们前来探寻。这个磁场是什么?简单说就是一些优秀的个人特质,如幽默、智慧、气质等。显然,特别能吃亏,特别能忍让,不在此列。

一味地忍让,只会压缩自己的生存空间,让自己不能畅快地呼吸。当然,有些事需要忍,比如某份工作薪水低,但可以学得一手技术,那就要忍受低薪。否则,眼高手低,整个人就活得很飘。

在职场中,当忍则忍,不该忍时,定要懂得冷,冷是一种态度、一种距离、一种无声反抗。一味地容忍,不但换不来感恩,还会被人看轻。这时,就要换一种思路,与其忍,不如冷。下面的建议是很有实效性的,看看是不是对你有所启迪:

(1) 不被情义绑架

人与人相处,距离才能产生美,这本身就体现了一种逆向思维。关系混得再熟,也要有"三分客"的思想。咱俩关系好,我可以帮你排忧解难,可以施于你小恩小惠,但在原则性问题上,一定要划清界限,黑就是黑,白就是白,成人之美的事,能帮则帮,但昧良心的事,让我帮你,对不起,我做不到。抹不开面子,认为关系好,就要为朋友两肋插刀,这是情义绑架,已经脱离了友情的层面。

(2)不做上司的哥儿们

若上司很器重你,常常带你出席社交场合。这时你绝不能得寸进尺,保持一定的冷度与距离对你是安全的。

即使上司把你当哥儿们,也要保持七分清醒,不要当着别人的面与上司称兄道弟,"×总"不讲,讲"哥儿们",那会让上司威信扫地。上司保持低调,那是做人的智慧,切不可抱着交朋友的心态套近乎,要做也要做工作中的朋友,不要做生活中的哥儿们。当然,还有一点必须要记住:上司起用你,并不是为了交朋友,而是叫你替他出力。

(3)不做上司的"保姆"

你一味忍让上司,最后可能会出现一种较极端的情况:事实上成为上司的保姆或佣人。善于钻营的人想得到升职,他采取的方法是讨好上司。怎么讨好上司呢?就是变相地去为上司的生活服务。例如,经常为上司端茶倒水,替上司清理办公桌,为上司接送孩子等。

上司往往对这种人表示好感。有些人常扮演这样的角色,并且还天真地认为,本职工作做不好,就在其他方面引起上司的注意。都是成年人,就别做梦了!千万不要用这种做保姆的方式来打动上司。换个角度想一想:上司开公司是为赚钱,你创造不了相应的价值,上司为什么要养你?如果他需要保姆,花钱雇一个不就行了。

（4）不做同事的密友

过多地介入同事的私生活，了解他们的隐私与"机密"，对你来讲没有半点好处。同事间可以建立友谊，但一定要把握好度，友情过深的话也是很危险的。比如，你与某几位同事走得过近，别人会误认为你是在搞小团队，领导会觉得你是在给他的管理出难题。因此，要与同事保持一种适合双方的距离。

身在职场，不论你干什么工作，与什么样的人相处，一定要掌控好"冷"度与"忍"度，一味地做"忍者"，是得不到他人欣赏与尊重的，一味地迁就朋友，忍让同事，对上司唯命是从，对方未必会珍惜你带给他们的"福利"，他们有可能认为，这就是你的人生底色，是你的生存之道。

正确理解领导的本意

在听领导说话的时候,千万不要拘泥于其表面意思,而要懂得透过那些语句去捕捉其背后的意思。只有这样,你才能领悟到领导的"真意",而避免说错话,做错事。

有些领导说话,爱绵里藏针,经常是话里有话。如果你只知其一,不知其二,一定要多想一想,不要被表面的话术迷惑了。

汪洋住的地方离公司比较远,每周都要迟到三四次。好在公司没有实行打卡制度,且每次迟到经理都不在场,这让他心中窃喜。有一次,他提前15分钟到了公司,正巧碰到经理也刚到公司,见了面,经理半开玩笑地说:"今天挺早的啊!"

他笑着说:"还好啦,今天路上没有堵车,路况不错。"

说完,他便哼着小曲吃起早餐来。

旁边的几个同事面面相觑。其实大家都知道,经理这是在调侃,说明汪洋的迟到已经引起了经理的注意,如果汪洋再不改掉迟到的习惯,可能会有麻烦。但是很明显,汪洋却没有理解经理的意思。好在有同事委婉地提醒他,他才意识到经理话中有话。之后,他很少再迟到了。

有句俗语是这样说的:"宁跟聪明人打顿架,不跟糊涂人说句话。"意思是跟聪明人说话,他能很快领会你的意思,让你感觉很"省劲儿";而糊涂人则很难听懂你话里的意思,常常费尽口舌也达不到预期的效果。在这个故事中,汪洋就是那个糊涂人,他不善于逆向思考领导的话,更不知领导话中有话,活得很傻很天真。

可以说,站在领导的立场看,说一些"反话"也是出于工作需要,因为有些话不便也不能直接说,只能点到为止,或是为了场面好看,不得不违心地表述一些观点。有头脑的员工,或是悟性强一点的人,能够悟出其中的玄机,故而能与领导密切配合。最怕的是,领导把话说得很明白了,员工脑子还是转不过弯,不明所以。

所以,领导说的话不一定都是"真话",如果你多用逆向思维考虑问题,必要时反着理解领导的话,定会领会领导的真实意图。

丢弃巨婴思维，不做职场宝宝

在职场中，虽然许多人已经过了而立之年，但思维方式还像个巨婴，他们像个孩子，做事总是怀着婴儿的心态，所以，他们被习惯性地称为职场宝宝。在这些"宝宝"眼中，所有对自己的"顺从"都是理所当然，而所有与己相关的"逆行"都是恶意。虽然，巨婴思维只是个人思维体系中的一小点，但它极具破坏性，会一点一点吞噬其"成人"思维。

有些持有巨婴思维的人一提到工作，马上就来了精神，然后像个怨妇一样满腹牢骚：老板克扣他，剥削他……所以，做工作不积极、不主动，不表扬就不干活，能推就推，能拖就拖，能甩锅就甩锅。这也是为什么一些人干了十年、二十年工作，仍然只是一个普通职员的原因。

其实，我们可以逆转思维：如果我有能力，我可以离开，即使老板不挽留我，我也能找到更好的平台。怕就怕自己没有本事，又不愿意多付出，抱着给多少钱干多少活的打工思维，那你永远也成不了职场中的香饽饽。

但是，许多人并没有意识到自己的问题，也不会反转自己的思维。结果，在悄无声息中，失去了成长的机会。当他们缓过神来时，本该属于他们的荣誉、职位、奖励却被别人拿走了。这就是我们常听到的,所谓的"遭遇不公平待遇"。如此,心里难免会有疙瘩,而且这种心情又对自己的思维产生消极影响。

抱有巨婴思维的人,经常会抱着"混日子"的心态工作,做事不认真、不负责,但嘴里还经常喊着:凭什么我累死累活才拿几千块,而别人动动嘴皮子却月薪过万?于是,他们手上的工作,能推诿就推诿,能拖延就拖延,能甩手就甩手……只要不是一本万利的好事,他们很少会表现出热情,总是板着一张冷漠的脸。少干活、多拿钱、多升职,天下哪有这等好事,即使有也未必轮得到你。

所以,在工作中一定要放弃巨婴思维,要学会逆向考虑问题。一般来说,一定要避免以下几种巨婴思维,否则会犯一些低级错误。

(1)"你就不能夸夸我"

有些人做事不问对错,认为自己努力了,付出了,就应该算功劳,就应该得到领导和同事的认可,这样,他才有继续努力的动力。在实际工作中,每个人都有许多事情要做,没有谁整天把注意力放在别人身上。对抱有巨婴思维的人来说,如果自己的成绩长时间不被人关注,就会心生埋怨,工作也会变得消极。

如果一个人的工作主要靠外力来驱动,而不是发自内心,那么他迟早会因为外力不足而失去动力。换位想一想:不管做什么,一半是做给老板的,一半也是做给自己的,工作做不好,老板也许有损失,但损失更大的是自己。

(2)"我以为你也知道"

罗莎毕业后,进了一家研究所。刚开始,对于领导交代的工作,她经常按照自己的思路埋头苦干,期间很少与领导和同事沟通,结果,自己费了九牛二虎之力搞出来的方案,不是得不到领导的认可,就是问题多多。有人劝他:你要改变工作思路,要多向领导汇报,遇到问题要反馈。她却听不进去,认为自己在某些方面比领导强。所以,经常是领导发现了问题主动找她沟通,每当这个时候,她总是一脸的不情愿,觉得领导事多,要不就是来一句:"我以为你都知道。"

很多人都会像罗莎一样,只知低头拉磨,不知抬头看路,结果付出的比别人多,得到的却很少,就是因为他们有一种错误的思维方式,总认为自己理解的东西,别人也能理解,自己清楚的事情,别人也清楚。所以,在工作中不能和同事、领导进行有效的沟通。

(3)"又不是我一个人的问题"

任何工作都需要团队合作来完成。有人遇到问题,实在推脱不掉自己的责任,就会把屎盆子扣到别人头上,或拉几个"垫背"的,或是"要死大家一起死,谁也别比谁好过"。

抱有这种想法的人,在接受领导交代的任务时总是会思量:这件工作的难度在哪里。如果感觉难度较大,在执行的过程中,会特别留意同事在这项工作中出现的疏漏。但是,他又不会指出这些疏漏,而是铭记在心。最后一旦事情搞砸了,就会拉着大家一起担责。并且,他会出具相关的"证据",对方想甩也甩不掉。时间久了,他会成为众矢之的,大家都会提防他。

(4)"反正不是我的错"

自己的工作出了差错,说一千,道一万,是与自己脱不了干系的。有的人工作出现问题,自己意识不到,如果别人帮他指出来,他会百般狡辩,一会儿把球踢给同事,一会儿又埋怨客户,就是不会从自己身上找原因。没有责任意识,不敢也不善于担责,这是做事的大忌。

（5）"好事总是轮不到我"

有些人刚入职场，就会得到加薪、升职，而有些人在职场混了很多年，还是小职员。每当看到别人的成长与进步，"落后"的员工心理难免有些不平衡，会抱怨领导，会说"好事儿总是轮不到我"。其实，换个角度想一想，好事儿凭什么就一定要轮到你头上？如果你一直像一个婴儿一样思维，在职场中希望领导能像家长一样给予你所需要的关爱，那你永远也无法成长。

在职场中，许多人之所以把职场看错了，就是因为他们习惯用巨婴思维来看问题，活得像个孩子，心理上没有断奶，行为表现得就很单纯，而且单纯中还透着一种傻傻的天真。殊不知，在这种思维的主导下，成长的机会也在悄无声息中失去了。

想要合作，先要清楚为什么不合作

谈到职场合作，就不得不提"囚徒思维"，那什么是囚徒思维呢？

囚徒思维是指：一件事，所有的参与方在面临两种选择的时候，是进行合作，还是违反规则？违反规则虽然对自己有利，但会损害双方的共同利益。如果其中一方违反规则，其他参与者也跟进，那么最后的结果只能是大家全输。

在下表中：如果囚徒A和B都认罪，则双方各判5年，收益均为-5；如果两人都不认罪，相互包庇，则双方各判1年，收益均为-1；如果双方中有一方认罪，一方拒不认罪，认罪一方获刑10年，不认罪一方无罪释放，即收益分别为-10和0。

囚徒A \ 囚徒B	认罪	不认罪
认罪	-5 / -5	-10 / 0
不认罪	0 / -10	-1 / -1

一个深受囚徒思维困扰的人，很容易成为职场囚徒。这种人长久找不到所谓的"自我"，会一直陷入焦虑和迷茫中。所谓"职场囚徒"，主要是指这样一群人：他们既不会正面宣传公司形象，又不会认真工作，而且还要继续留在公司。他们并不是一般意义上的不敬业者——他们不去努力工作，也不去另谋高就，既缺乏进步的动力，也没有离开的勇气。

事实上，如果一个人不从思维层面彻底摆脱"囚徒思维"，即便环境、待遇再好，也会成为"职场囚徒"。

泰勒是一名应届毕业生，在一家公司实习，和很多职场新人一样，他对自己的将来感到迷茫，不知自己的职业方向在哪里。有一次，他找到公司的人事经理，在谈到自己的职业规划时，他特别强调说："我一定要找到一条明确的职业主线，为此，我现在正在摸索。我一旦找到了，就会全身心地投入！"

他的观点，让人事经理很吃惊。因为他的逻辑是：先找到自我，再找到适合的工作，否则，就只能先混着。

其实，所谓的"自我"，只是个假象，不是性格，也不是一成不变的，甚至也不是你的喜恶和行为倾向，它更多的是指向一个地方，那就是"你所创造的一切"。就如同我们谈到乔布斯时，会想起苹果公司，以及他离经叛道的事迹和惊人的创造力，我们根本不会在意乔布斯到底是什么性格，这个人到底喜欢什么，等等。

正是因为很多人被一种僵化的思维所限制，他们认为一定要找到方向才能努力，在没找到方向之前，他们这也不敢想，那也不敢尝试，于是能力无从施展，经验更是一纸空谈。与其说，他们是在找工作，不如说是在找一份职业寄托，以便让自己安稳无忧。而正是这种思维，扼杀了人生的很多可能性！

反观职场中的一些成功者，公司里的香饽饽，他们无不是打破"囚徒思维"的高手。他们善于利用逆向思维去考虑和处理问题，能在别人所谓的"稳定"中看到危机，善于和人合作，并能创造性地做事。

20世纪70年代，有一个年轻人高中毕业后，便进入了职场，他认为的理想工作是做一名销售员。但是，他面试了几家公司，都被拒绝了，理由很明确：

"你还太年轻。"

"你没有工作经验。"

"你没有读过大学。"

但他没有气馁，而是逆向思考：一个公司或者面试官经常遇到的求职人员都是什么样子的？基本情况是，多数求职者都要求工资、假期、保险和医疗保健方面的待遇。如果自己想求职成功，就必须要清楚坐在自己对面的面试官在想些什么。于是，他又做了一次逆向思考：面试官会认为，职位就是需求，而且职位是有成本的，如果这两点把握不好，招聘就会带来风险。

考虑清楚这些问题后，在接下来的一次面试中，他对面试官说：

"你们这个地区商务代表的职位已经空缺了半年，想必再缺三个月也不要紧吧。我可以先做三个月，我只要求公务费，不要工资，而且我自己有车。如果这三个月我能证明自己可以胜任这份工作，你再以一半薪水雇我三个月，不过我要全额佣金和奖金，还得给我配车。如果这三个月我做得很出色，你就用正常条件录用我。"

这样，他被公司录用了，并在很短时间内完成了销售任务，又很快成为公司的金牌销售员，并因此被公司正式录用。一年半之后，他创立了自己的公司，而且事业做得很成功。

不只是找工作，做任何事情都一样，要想让别人与你合作，首先要找到大家不合作的原因，否则不可能找到让大家有效合作的方法。合作是建立在自愿基础上的，而自愿的基础是尊重每个人的内心，尊重每个人的利益诉求，并以此建立一套游戏规则，才能让各方获益，才能调动大家的积极性。

"坏老板"才是真正的"好老板"

在职场上，谁都希望碰到好老板。尤其是在被问及离职或跳槽的原因时，除了薪资问题和工作环境问题，被人们提及最多的就是老板或领导的问题。

那什么样的老板算是好老板呢？每个人的评价标准都不一样：有时觉得这个老板人不错，体恤员工，情商高，为人和善，但是管理公司不行，帮公司赚不了钱，员工工资三年没涨一分钱；有时又会觉得，那个老板如何如何的好，等到了公司才发现，原来只是看上去不错。

对一般人来说，只要能每月按时足额发给自己工资，不克扣，不拖欠的，绝对可以算是及格的好老板了。但是，现在很多人的心态是：不但要享受创业者的自由和舒适，还要获得一种职业安全感。细细想想，这怎么可能呢？如果一个老板过分地让员工"享受"，公司必然会走向没落。在这方面，凡客诚品就是一个例子。

公司业绩好的时候，老板不但让员工拿高薪，在高档写字楼办公，而且员工每天都可以喝免费的咖啡、饮料和下午茶，上下班时间更是自由支配。所以，在员工眼中，这样的老板绝对算是这个世界上最好的老板了。结果呢？凡客诚品却迅速步入危机，而危机的来源，就是因为老板太好了。

最后老板壮士断腕，开除了百分之九十五的员工，并制定了严格的工作管理制度，还把厂房搬到了郊区，公司这才勉强活了过来。

所以说，做好老板是很难带好团队的，要想让公司活得久一点，必须做一个"坏"老板。但是，很多人会站在老板的对立面思考问题。因为每一个老板都会要求员工努力工作，创造更多价值，不同的是有些老板很宽松，有些老板很严格。要求严格的老板就是大多数员工眼中的"坏老板"，与之相反，管理松松垮垮，不讲业绩讲人情的老板就是"好老板"。

许多时候，"坏老板"领导团队的执行力远远胜过"好老板"。因为大多数"坏老板"都具有一些优秀的特质，他们往往能承受强大的压力，具备与众不同的思维方式，有敢于打破常规的勇气。在经营企业过程中，这些特质往往能帮助这些"坏老板"领先他们的对手，让企业更适应市场的规则，让员工更团结。

阿里巴巴发展壮大之后，很多精英和人才都纷纷加入，想一展才华。为此，不少人都给马云发了邮件，表了自己的决心。但马云并没有正面回复，而是发出严重警告：

"刚来公司不到一年的人，千万别给我写战略报告，千万别瞎提阿里发展大计。谁提，谁离开！当你成了三年阿里人后，你讲的话我一定洗耳恭听。我们喜欢小建议小完善，我们感恩你的每一个小小的完善行动。

"我们永远不会承诺你发财、升官，在阿里，我们一定承诺你会很倒霉，很郁闷，很委屈，很痛苦，很沮丧……

"公司不是请我们来发展自己的,公司花钱请我们是来发展公司客户的,我们应该通过发展客户来发展自己。"

马云的这种强势和无情虽然遭到了一些非议,却为阿里的发展带来了强劲的动力,并且也得到了员工的理解。当然,阿里公司的员工待遇也是非常不错的,除了一般的待遇之外,还有各种福利,如员工食堂、节假日礼物等,以及提供买房买车的无息或低息贷款。

所以,许多情况下,"坏老板"才是真正的"好老板"。在工作中,为什么要用这样的思维来看待自己的老板呢?

(1)只有"坏老板"会给你工作机会

为什么这么说?因为"坏老板"才能生存,那些所谓的"好老板"早就破产了,或正在破产的路上。做老板不容易,每天一睁眼,就要面对一大堆开支:员工工资、房屋租金、水电费……当人人都骂老板能算计的时候,他们却在想如何做好生意,给员工按时发工资,让大家有更多的活儿可以干,让公司活得更久一些。

如果老板太慈善了,你是舒服了,但最终的结果只有一个:你只能走人,不是老板让你走,是公司没了你的位置,甚至这个公司都没有存在的必要了。古语有"慈不带兵"一说。做老板就必须严格要求员工,员工必须按时提交符合要求的结果,如果没有,就走人,这是对双方负责!

(2)老板的严格要求,是最好的爱

老板严格要求员工,是对员工最好的爱,也是对自己最好的爱。你是在为老板打工,逆转思维看这个问题,其实老板也是在为你打工。所以,作为员工要学会换位思考,要珍惜老板的骂声,骂你,是因为他还对你抱有期望,还会再为你没有结果的工作发工资。如果有一天，他不骂你了，说明他觉得你已是朽木，不再对你抱有期望了，这时，你也离被炒鱿鱼不远了。所以，要学会在老板的骂声中突破自己，不断要求自己进步，成为不可替代的人，这样于人于己都是好事。

（3）老板就应势利，请多用结果说话

有的人不明所以，老板美言几句就找不到北，三个月、五个月，甚至一年下来，也拿不出一些像样的结果，还整天围着老板转，觉得老板人好，对自己也不错。快醒醒吧，别等老板撕开面子开除你，你最好知趣地找个理由离开，这是对老板负责，也是对你自己的尊严负责。不要怪老板势利，他不是搞慈善的，他也要靠市场吃饭。所以，要想让老板爱你，请先爱自己，请拿出结果来，这是对老板所谓的"情义"的最好的尊重。

可以说，老板越坏，团队越有发展。这是一个不争的事实，无数证据表明，"坏老板"领导团队的执行力远远胜过"好老板"。有些老板之所以"坏"，并不是为了压榨员工，而是希望通过施加压力让员工成长，让员工充分发挥自己的潜力，做出更大的成绩，为企业这个平台带来更多的机会。初衷是好的，只是他们做事的方式让人难以接受，这才被扣上"坏老板"的帽子。如果每个人都能逆向思维，站在老板的角度考虑问题，自然也就不会用"坏"来形容自己的老板了。

逆转思维

与其低效率勤奋，不如有效地偷懒

衡量一个人是否能进步的标准，从来都不是看他做了多少工作，而是看他的工作有多大的不可替代性。对绝大多数人来说，想在职场中充满诗意地活下去，只靠努力工作是远远不够的——要么靠自己的创造性，要么靠自己的独特性。

琼斯之前做过多份工作，多的一年，少的几个月。最近刚换了家新公司，每天都有做不完的工作，经常八点以后才下班。他感觉自己的生活完全被工作占据了，没有任何时间去自我提升，所以非常纠结，几乎每天都在想：要不要再换一份工作。

有位职场资深人士告诉他："不要去想'生活被工作占领'，不要把工作和生活割裂开来考虑。你应该这样想：我每天花费的时间，做的这些事情，对我的长远发展来说，有没有正面收益？如果有，那么，你不但是在工作，还是在进行自我投资和提升。"

琼斯若有所悟。

之后，他不再为加班的事费心，也不去过多纠结"薪水有点低"。经过一年的努力与积累，他得到了快速成长，并且开始入行了。第二年，他的薪水就翻了两倍。

对一个职场人士来说,什么才是最为重要的?肯定不是工作量,也不是薪水,更不是自己是否加班,而是让个人的长期发展与工作相一致。许多人都在强迫自己干着自己不喜欢的工作,而且没日没夜地忙,身体累心也累。

那么,如何从这种状态中跳出来呢?

答案是:偷懒!

你没有听错,是偷懒。这可能出乎你的意料。工作本已不易,即使做好本职工作,也未必能提升自己的竞争力,又怎么能偷懒呢?

要知道,在今天的职场,勤奋和努力已经不再是一个绝对意义上的褒义词。努力工作是好现象,但未必值得推崇,这个时代需要的是高效率的勤奋。因为,低效率的"勤奋"比懒惰更可怕,它是在用战术上的勤奋来掩盖战略上的懒惰——表面上很努力,其实在刻意回避真正需要解决的问题。

如果你觉得现在的工作没有价值,那就不要和自己较真,可以转换一下工作思路:学会高效地偷懒,每天只做最重要的、不得不做的事情,其他的事情能拖则拖,拖到它变成"最重要""不得不做"的事情再去做。那节省出来的时间该怎么支配呢?当然是自我提升。

有一位新入职的员工,每天都很忙,都在做一些烦琐的运营工作:做推荐,审内容,管后台,填数据,做报表……有一天,他实在忍受不了这份枯燥的工作,找到部门经理说:"这份工作太机械,毫无创造力可言,我是本科毕业,其实找个高中生就可以做得很好。"

他认为,再做下去也没有多少意义,因为工作根本不需要思考，所以，要求经理为他换一个岗位。

可以说，这位员工比较明智。他认识到，这种低效率的勤奋没有多少意义，不会让他有多少提升，而且与他的个人发展不一致。

在现实工作中，如果我们发现某份工作与自己的发展方向不一致，该如何正确、有效、合理地偷懒，为自己节省宝贵的自我提升的时间呢？有以下三个技巧。

（1）按优先级排序，重要的先做

为什么要优先完成高难度的任务呢？原因非常简单，因为在一个项目中，能够拉开差距的，能够跟竞争对手有所区别的，不是那些毫无难度的小事，而是那些高难度的节点。在这几个节点上，做到50分、70分、90分，所体现出来的差距，可能是天差地别。

在工作中，每天有许许多多的事情等着你去做，如果你的工作不分主次，那么到头来不仅"丢了西瓜"，很有可能连"芝麻"也捡不到，使一些本来可以"生出效益的时间"白白被浪费掉。

高效率的人往往是那些对无足轻重的事情无动于衷的人，但对那些比较重要的事情，他们很少会无动于衷。因为太专注于小事，对大事会缺少驾驭能力。

（2）要能讲出新东西，让老板放心

人都有懒散的一面，有人可能会说："能拖的话，我也想拖，但是领导天天在催，真是没有一点办法。"但你想过没有，在许多情况下，上级让你加快工作进度，他们真正要的是什么呢？难道真的是让你尽快完成工作吗？

其实未必。

转换一下思维你会发现，即使你把工作赶出来了，他也多半不会立刻去看，因为他也有许多事情要处理。有时候，你上交的工作结果，他很可能一个星期都不会瞅一眼，半个月后给你反馈结果，已经算很及时了。

这时你会想当然地认为："为什么催得那么急，我下个礼拜给你不行吗？"其实，老板关注员工的工作进度，希望他们完成得快一点，无非想做到心中有数：整个项目是有进度要求的，大家都在相互配合中，你没有停滞不前。

所以，当老板追问进度时，一定要能讲出新的东西，而不是"没有做完"，或是"再给一点时间就好"，这个新的东西，可能是一些小的进展，可能是一些尝试，可能是新的进度，等等。这样，老板就知道项目正在顺利进行。他了解了这一点，就不会急着催你了。也就是说，在工作中，手脚可以懒，但脑子一定要勤奋，要善于思考。

（3）倒推"最后期限"，用好减法思维

正所谓"一个累坏了的员工未必是好员工"。如果你整天都在忙，哪有时间来思考？要想做好自己的工作，你必须要学会高效率地忙碌。有些人整天都在忙，但不是忙于工作，而是忙于烦恼。为什么？因为他手头有一大堆工作要做，要汇报，日程排得满满的，而且明天还有许多工作在等着他，一想到这些东西，自然就没有了工作激情。

当一个人同时想很多事情时，不可避免地会产生一些压力，甚至是担忧。这种对未来的担忧，就像是电脑中的垃圾文件一样，会拖累大脑的思考效率。那如何应对这个问题呢？

可以采用减法思维，即倒推最后期限，并将已经安排好的事情清理出大脑，以此来提升自己的效率。

所以，不要花时间去忧虑、烦恼，也不要一直像无头苍蝇一样忙碌，你要做的是，放弃低效率的勤奋，该思考的时候思考，该执行的时候执行，不要被"努力到无能为力，拼搏到感动自己"这样的鸡汤灌醉。只要控制好自己的方向，严格按照自己的规划来，多些理性的思考时间，工作效率自然不会太低。

别怕被利用，就怕你没用

不同的人，对同一件事情的反应是不一样的。是什么造成了这种差别？不是先天性因素，而是思维模式。

举个例子：领导交给你一项任务，对怎么完成这项任务你又不是很在行，那你是做，还是不做呢？你可能会做出以下三种选择：

第一种：没有时间做。

第二种：可以做，没有问题。

第三种：马上去做，不过得先把手头的工作做完。

如果你做第一种选择，说明你带着某种怨气，对领导给你增加工作量不满，觉得领导在利用你。如果是第二种，说明你有些不满，但是领导张开了嘴，你也只好应付，有一种无可奈何。如果是第三种，说明你态度积极。

总结这三种回应方式不难发现，前两种关注的重心都在对方身上，在自己与别人身上找问题，而不去想为什么会多出一项任务。第三种回答意味着，只有接受了更多的任务，才有机会去学习更多东西，而如果不做，可能会失去这个任务带来的机会。

在一家公司任职，如果你没有明确的人生目标，只想着如何不被利用，那么只有混日子一条路。但是如果你立了志向，有了目标，那么公司这个规则就被你打破了，这时候不是老板利用你，而是你在利用老板。比如，你可以跟公司的设计师学习制图方法，跟销售精英学习销售技巧……只要你愿意学，可以学到许多东西，这时，公司就是你提升自己的平台。

　　如果用常规思维理解，上面提到的"利用"应该算贬义词。心理学的解释为：动用心机甚至阴谋诱使别人在不知道自己真实想法的情况下帮助自己达到目的。也就是说，因为被利用者自身能力不足，就把被利用者当枪使，让他们为自己冲锋陷阵，在个人目的达成后，一般不会再理会被利用者。

　　如果用逆向思维来理解，"利用"是指，在尽可能公平的基础上，让对方发挥自己的能力，帮助自己完成自己无法完成的事情。也就是说，被利用者能力很强，他们或许技术超凡，或许名望很高，或许人脉广泛，等等。总之，被利用者有高人一等的能力。

　　在职场中，一个人只有先创造了被利用的价值，才能利用别人。比如，你在争取一份工作的时候，其实也是在争取被利用的机会，你没有被公司利用，那你的价值就得不到体现，你就无法利用公司这个平台实现个人的目标。所以，善于逆向思维的人，都会积极打造自己的核心竞争力，创造并提升自己"被利用的"价值。因为在被利用的同时，他们可以利用获得的平台和资源，去实现个人的理想与目标。

　　怀特于2010年大学毕业，并通过了国家司法考试，之后，她进入一家保险公司做销售。她找这份工作的初衷是，先通过一两年的职场锻炼，来提升一下自己的沟通能力，等积累了一定的人脉后，就转行做律师。

　　所以，为了提升自己的表达能力和组织协调能力，她主动要求主持晨会,并大胆上台演讲,而且还参与了新人培训工作。很快,她在策划、主持、培训管理等方面表现出了过人的能力。半年后,她又接受了专业的讲师培训。接着,她被晋升为行政部门主管。现在,她已经是公司的副总经理。

不断提升自己可以"被利用"的价值,可以让一个人从平庸走向卓越。想不断提升自己"被利用"的价值,就要不断打造自己的核心竞争力,使自己的能力不断得到成长,这样才能获得更多的机会。

在当下,总有些人抱怨自己怀才不遇,实际情况是:一是自己根本没有才;二是有才也不愿意被人利用。如果你的才华无法转变为公司的价值,公司就不会为你提供更大的平台与空间。提升自己"被利用"的价值,不但会给企业一个发展的机会,也会给自己一个成功的机会。所以,不要怕自己被利用,就怕自己没有用。

逆转情感思维，玩转情场人生

感情不是一个人的事情，只有两个人共同去经营，才会获得幸福。事实告诉我们，想要赢得爱情，创造美好婚姻，除了要重视情感投资，还要善于转换情感思维。谈感情不能只看感觉，也要看钱看脑袋；爱情是"买卖"，要各取所需；牵手是情，放手也是爱……

不会逆转思维，别说你懂感情

在恋爱关系、婚姻关系中，善于运用逆向思维，是一种高情商的表现，它可以增加彼此的舒适度，不但有助于了解对方的真实想法，而且也便于控制好两个人的距离，让彼此找到最佳的相处方式。

有两个小伙子，身上都只有2000元。其中一位小伙子用1500元给一个女性朋友买了一部手机，打算留500元吃饭，然后骑着电动车去找对方，女生说："你真是一个好人，但是我们真的不合适呀。"

另一个小伙子花1000元租了一辆宝马车，花300元到花卉市场买了99朵玫瑰，然后，他告诉女生："我喜欢牵着你的手去那些浪漫的小吃店。"女生听后，感动地落泪："你是天底下最懂我的人……"并答应了他的恋爱请求，不为什么，因为爱情！

当然，在爱情当中，逆向思维的神奇之处还在于，它能够让你在与对方相处一段时间后，清楚地知道其真实的想法，就如同X光一样透视他的全部。

一般来说，女生更善于运用逆向思维，因为女生的情感更细腻，能感受到发生在彼此身上一些很细微的变化。但是，女人有一个突出的缺点就是情绪化，一旦遇到超出自己预期的结果就难以接受了。

在现实生活中,许多女人在丈夫出轨后,不是哭闹、谩骂,就是以死相逼,试图通过这种激烈或极端的方式来挽救自己的婚姻,其实,这种方式很少能达到预期的目的,即便丈夫没有因此离婚,夫妻之间的感情也会受到创伤。

艾米丽是一位很聪明贤惠的女性。有一次,她听朋友说自己的老公在外面有了情人,开始她不信,后来掌握了丈夫出轨的证据后,却做了一个让所有人都不解的选择:默默地离开了家,为丈夫与情人腾出空间。有人劝她:"你真是傻啊,哪有这么便宜他的,一定要和他闹一闹。"

但艾米丽还是打定主意离开。临走前,她在家里留了一张字条,上面写着:"亲爱的:自从我嫁给你,就一直在用自己的心深深地爱着你,希望你幸福快乐。既然你喜欢和她在一起,那我就祝福你幸福快乐。我先暂时离开家一段时间,请你认真思考我们的关系后再做出决定。"

丈夫在和情人亲密接触了一段时间后,很快就发现情人在很多方面都不及贤惠的妻子,没过多久,他就果断地离开情人,回到了妻子的身边。

在这个故事中,艾米丽运用逆向思维,不哭不闹,既给丈夫留出了空间,又给自己留出了空间,同时留了丈夫回头的空间,最终挽救了自己的婚姻。在这个问题的处理上,她运用了逆向思维,她是这么考虑的:

首先,既然丈夫已经有了新欢,采取哭闹的方式,或是其他激烈的方式肯定无济于事，而且这么多年夫妻的感情也会完全破裂。而选择默默地离开，就算不能挽回家庭婚姻，但至少不会对双方的感情造成更大的伤害。

其次，如果丈夫的情人很优秀，那么他爱对方也无可厚非，自己又哭又闹只会让丈夫更加反感自己，只会变相地证明自己确实是不如情人，只有弱者才会这么做。

最后，对男人来说，越是得不到的，越是觉得更好，因为丈夫在偷偷摸摸地出轨，这种距离感使情人之间产生了强烈的吸引力，索性让他们近距离接触，好有机会深入地了解对方。

当我们停留在某一个纠缠不清的局面的时候，当我们做一件事感觉到非常吃力的时候，当我们被一段糟糕的感情弄得焦头烂额的时候，当我们拼命为了对方好，而对方却非常叛逆的时候……面对所有这些不利的、莫名其妙的局面，如果能换个方向去思考，会得出很不一样的结论。

所以，男人不一定非要很阳光，女人不一定要很温柔，但是一定要学会逆向思维，要能站在对方的角度，以及事情的对立面思考问题。该果敢、坚毅、独立的时候，一定要表现出这种特性，该沉默、冷静的时候，也要保持相应的姿态。只有懂自己、懂对方、懂两个人之间的问题，才能处理好相互之间的感情。

7 逆转情感思维，玩转情场人生

直男谈恋爱，智商是道坎儿

在恋爱中，经常听到女生抱怨："我最讨厌直男了。"直，是不会拐弯，直男，当然是有一说一、有二说二的男人，这样的男人往往认为自己没有心机，为人坦诚，而且觉得这是一种优点。事实真是如此吗？

我们说，事实是检验真理的唯一标准。直男受不受女生喜欢，其实从她们对直男的评价中就可以看出来。许多时候，女生想要表达的意思，直男是想不到的。当一个女生觉得和某个男生聊天很没有意思，多半因为对方是个直男。举个简单的例子。有个男生和一位女生谈恋爱。女生说："我有点饿了，想吃上次吃过的麻辣烫。"男生说："哦，再等一会儿，马上要吃中午饭了。"其实，女生是想让他带自己去吃，或是给她买回来。而男生的理解是，很快就要吃饭了，你在这个时候说饿，有点不合时宜哦，再坚持一会儿就要吃午饭了。

很多男生之所以经常在恋爱中遭受挫折，一个很重要的原因就是脑子直，不会打破常规套路，结果把自己套进去了。甚至许多事情已经出现了某种端倪，只要稍用点脑子，就能看出问题所在，但是，他们依然保持一份傻傻的天真。

某君最近谈了个女朋友，女孩子在一所学校教书，人温柔漂亮，本来打算暑假一起回女方家里，可临近放假的时候，女朋友却变得不冷不淡，闭口不提回去见家长的事。某君觉得不对劲，拼命追问原因，女朋友就是不说。他觉得应该是女方家长拒绝见他，有人见他非常沮丧，就提醒他：你天天说要去见她的家长，你有没有和她商量，给她爸爸妈妈准备什么礼物啊？这个时候，他才恍然大悟。

无独有偶，还有一位直男，也是在恋爱时脑子不开窍，不会逆向思考问题，结果不但错失了"真爱"，还大秀了把自己的智商下限。

有一位小伙子，喜欢上了一位高干家庭的女孩儿，对方有点高冷，从心底里看不上他。但他就是死缠烂打，还在人家附近租了房子，软磨硬泡。

在女孩儿家附近租房住了大半年，女孩的父母想尽办法赶他走，他就是赖着不走。后来，女孩的家人改变了主意。有一次，女孩儿请他到家里吃饭。女孩父母在城郊弄了块地皮，对他说："你在那里搭个猪圈，喂几头猪，市场里的猪肉不健康。"他觉得他们都接受自己了。

他在城郊养了半年猪后，又被请到女孩儿家吃饭，才知道女孩儿已经办妥了出国留学手续。他很吃惊，女孩儿戳着他的额头说："我去上学，咱爸妈就交给你了，要照顾好爸妈，否则我和你没完。"他一听，心花怒放。

又过了一段时间，女孩的父母要出国看望女儿，让他去机场送行。他扛着大包小包的行李，送两个老人过了安检。回来之后，他

7 逆转情感思维，玩转情场人生

一个人痛哭起来。

善用逆向思维的人，或许早已猜到结果了。临行前，女孩的父母把房子，连同猪及猪舍一起卖掉了，他们早已有了移民的打算，虽然早有人把实情告诉了他，但是他陷得太深，根本不能自拔。结果让人觉得又好笑又可怜，又怨得着谁呢？

女人可能会贪图男人的钱财，但在男人的高智商面前，必然也会肃然起敬。智商是男人不可或缺的资本，如果一个有钱的男人无法赢得别人的尊重，问题百分百出在智商上。唯有智商，才能够让最原始的两性游戏，妙趣横生，浪漫无限，不会出现伤害或蔑视。

有人说，恋爱让女人智商急剧下降，男人也是如此，并且糊涂起来，更胜一筹。

有位男生坚持不懈地追求一个女孩。女孩被打动了，对他说："走，能走多远就走多远，不要让我看到你。"

男生脸皮不是一般的厚，追问道："为什么？"

女的一字一句说："你不懂浪漫。"

男的一听不干了，非要和她理论："为什么要玩浪漫，玩那些虚的，我实实在在对你好，不行吗？"

女的说，浪漫之事，非要让人说出来，就不浪漫了。

男的反驳道："你自己不说，非要让我猜，我怎么猜到？"

女的很生气，骂道："离开这里，快点，不要让我再看到你。"

男的很委屈，回来后，左思右想：女孩是想要束花吗？是想看场电影吗？不像，不像……那到底是要什么东西呢？

后来，他还是买了一束花，送到女孩住处。女孩见状，泪如雨下。拥抱了他，说："我等这一天已经好久了。"

男生要成功谈恋爱，脸皮要厚是先决条件，除此之外，脑子定要灵光。脑子直得跟棍子似的，还抱怨女人太虚荣，那你就不配谈恋爱。

为什么女人爱虚荣？这也是许多直男想不通的问题，因为他们总是用自己的思维去揣摩对方，结果经常是自寻烦恼。谈恋爱，给对方生活保障远远不够，有时，需要及时满足一下女性小小的心愿。

有一位恋爱高手，虽然也是工薪阶层的，但谈起恋爱来很高大上。他喜欢一个女孩子，这个女孩同时被多人追求，哪方面他都没有胜算，最后他成功和这个女孩牵手了，而且成本很小。原来，他没事就折千纸鹤，有时还让别人帮他折，一共折了999只不同颜色的，然后装在一个精美的盒子里，女孩生日那天通过快递寄给她。女孩那个感动啊，这下谁也看不上，只认他了。

其实就连女性自己也困惑，她们为什么对浪漫执迷不悟？因为她们需要一道智商鉴识门槛，要找到那个愿意动脑子，善于动脑子，肯为她们动脑子的优秀男生。找到了，她们就心花怒放。找不到，那就抱歉了。

所以，对于男人来说，要想收获完美的爱情，追到中意的女孩，智商是道坎。谈恋爱好比说台词、演戏一样，不能太实在，太实在戏份就少，就没有了浪漫。当然，也不能玩得过火，把智障、萌蠢当浪漫，被人当猴一样耍，还自得其乐，那就大煞风景了。

学会了"被动",才能掌握主动

我曾看过这样一则故事:

某人去银行取钱,前面有一对小夫妻,听丈夫对妻子说:"我要输密码了,你让开。"妻子退到一边去了。他心想,这男人好强势,这女人在家没有一点经济地位啊!只听到"滴""滴""滴"三声过后,丈夫转身对妻子说:"好了,我输完了,该你输后三位了。"他这才明白过来,原来人家在互相制约、互相监督,实在是高!但是,之后他看到:妻子先按了3次退格键,然后输入了六位密码……

这个故事很好地诠释了什么叫用逆向思维化被动为主动。我们不得不佩服这位妻子的智慧。

从本质上来说,人与人之间的较量,其实就是头脑的较量。在情感世界中,通常只有正向思维,而一些陷入热恋的人,甚至连正向思维都没有了,而变成了智障者。这样的人,怎么能掌握爱情的主动权呢?

谈到主动权,有人会说,爱对方,就应该多动一点,不能被动。但是,很多时候,用正向思维思考问题,非但不会达到预期的效果,还可能给彼此的感情造成裂痕。因为在现实生活中,"拼尽全力去爱，最后却分手"的例子并不鲜见。

有人也许会说，两个人分不分手，与思维方式没有关系，只与遇到的人有关。但问题的关键在于，就是因为你不善于用逆向思维看待爱情，所以忽略了许多东西，才导致你遇到了错的人，才导致分手。

所以，对待爱情时，也要学会运用逆向思维，尤其是女人，"被动"一点，反而更能得到男人的珍惜。不妨来看个实例：

有一次，几个朋友一起吃饭，酒过三巡，小丁说她失恋了。也许是她觉得在座的都比她年纪大，所以说出来想得到些安慰。她说自己非常用心地爱着一个人，对他特别好，什么都主动去做，可以说把对方照顾得舒舒服服，也管得服服帖帖，可是最后还是分手了。

听完她的故事，大家都开始安慰她。有人同情她的遭遇，说"男人都不是什么好东西"，不懂得珍惜女人。有人说"你真是走了霉运，遇到这么一个渣男"，并提醒她以后找男朋友要擦亮眼睛。有人则借机分享了自己的情感故事。总之，大家都认为是男人的错。

有一个女友与众不同，她对小丁说："说实话，在这件事情上，我觉得你也有问题，你爱得这么认真，对他那么好，但他为你做过什么？"

小丁说："我只想他能像我爱他一样爱我哦。"

她问："那你给他发挥空间了吗？"

见小丁沉默不语，她又说："如果你不给他发挥空间，那就不全是他的错，你也有错。我并不是替他说话，但是，你在爱情中把所有大事小情都包揽了，那男人还有什么用？他想参与可是参与不了，他觉得没必要参与了，就什么都不做了。这么看，你们最后选择分手,也是一件很正常的事。"

在恋爱中,女人保持主动是好事,但是也不能丢了被动。做个"被动"的女人,男人才会更珍惜你。这里的"被动",不是坐享其成的被动,而是一种刻意的逆向操作,是有意而为的"被动",目的是给男人的表现留足空间。

在爱情中,女人不可以掌控所有东西,凡事太主动了,就让男人没有了参与感,所以,该示弱的时候示弱,该撒娇的时候撒娇,不要一味地表现自己的坚强,适当弱一点,更能激起男人的保护欲。

换句话说,你总是把自己照顾得很好,那男人就不知道该从哪些方面来照顾你。男人爱一个女人的时候,普遍会有这样一种心理:通过做一些事让女人感到幸福、快乐。如此,他才会有成就感。如果你把男人该为你做的事情都做了,那他就会感到不知所措,甚至会产生一些挫败感。

学会"被动",并不是要丢掉主动,该主动的时候还是要主动,只是一些需要对方发挥的地方,要选择"被动",这样对方就会用他的方式来爱你了。比如,你生病了,不是很严重,也不需要别人照顾,一个人就可以去看医生。但是,你可以让男友带你去医院看病。他会很愿意照顾你。许多事情都是这样,作为女人,要学会给男人留足发挥的空间。

特别是在恋爱之前,如果你想考验男人是否真的爱你,那你可以多点"被动",给他发挥空间,看他会不会爱你。如果你给他机会了,给他发挥空间了,他还是没有好的表现,那就是不爱你,就是错的人。

你不努力，拿什么貌美如花

没有走进婚姻殿堂的女人都相信，干得好不如嫁得好。不可否认，幸福婚姻需要一定物质基础，但是完全建立在物质基础上的婚姻是不长命的。婚姻是一种扶持，而不是扶贫，只有纯粹的感情才能走得长远。如今，离婚率直线上升，大多不是因为经济问题选择分手，而是因为感情，不是男的出了轨，就是女的有了外遇——这也是花花世界的一抹亮丽风景。

有些女人天真地认为：嫁给一个有钱的老公，就可以一辈子不用奋斗了！这种观点充满了"想当然"。一个人一辈子那么长，变故那么多，建立在物质基础上的感情一定就有保障吗？

大学时，雪儿是班上的大美女，名扬一时的校花。校里校外追求者众多，有些年轻男教师也加入了追求者的行列。宿舍楼下常常看到追求者们的花式告白，送玫瑰、摆蜡烛、唱情歌、弹吉他，应有尽有，让其他女生好生羡慕。自己一共谈过多少男友，她也记不清。最后，她从众多追求者中选了一个钻戒王老五结了婚，领结婚证比毕业证还早。

当其他女生还在为找工作四处奔波时，她的全部生活就是逛逛街、购购物，或是秀秀恩爱，没投一份简历，就有了长期饭票。

结果，这份感情只持续了半年多。老公投资失败，炒股又亏，后被人追债，丢下她四处躲避。她有些不甘心，这么年轻，又漂亮，想恢复单身，却离不了婚；想出去找份好工作，却发现自己没有任何工作经验，频频被拒；想再找个有钱人，却又觉得不现实。巨大的生活落差，让她心身俱疲。

嫁人不一定非要嫁有钱人，自己不努力，等着人打赏不劳而获，那靠什么守护真爱？

过去，好多人都是先结婚再恋爱，日子也过得和和美美，现在都是先恋爱再结婚，离婚率却年年爆表。一个人之所以把钱看得很重要，是因为他不自信。嫁得好不如干得好，婚姻只是在两个人的感情世界中掺杂了一些油盐酱醋茶的味道，你越努力，感情才越纯粹，你才越有底气去找浪漫。

聪明的女人，不仅自己要有本事做事，还要把婚姻、感情经营好。有一段台词说得很好："我努力工作，为的就是有一天当站在我爱的人身边，不管他富甲一方，还是一无所有，我都可以张开手坦然拥抱他。他富有我不用觉得自己高攀，他贫穷我们也不至于落魄。"

这才是一个聪明女人应有的姿态。在感情生活中，女人不但要端正自己的心态，还要在三件事件上改变自己的传统思维。

第一，独立的经济能力。谈钱并不俗气，关键是要自己去挣，不能太依附男人。看看那些"老公负责挣钱养家，我只负责貌美如花"的女人，哪方面过得比有独立经济能力的女人强？你结婚，不是为了有人承担家用，为了有人养你，而是为了共同经营这个家庭。如果天天、月月找老公要钱花，那感情肯定是存在问题的。

第二，别苛求老公太多。不要一天24小时念着老公，要有点"出息"，有的女人没了老公活不了，老公晚回家半小时，就电话狂催，老公每月工资按时上交，老公外出有应酬，要提前申请打报告……虽然老公和你是好伙伴，但他也有独立的人格。不论在精神上，还是物质上，都不要全身心依仗老公，更不要在某些方面太过苛求。

第三，不要苛求太多。人活得累，是想得到的东西太多。做人必须明白，人的胃不过拳头大小，三尺身躯所需衣装也很有限。很幸运，你想要的，自己的能力全能达到，所以你才觉得游刃有余。你若羡慕其他人的豪车、豪宅，你必然会活得很累。欲求不多，也是一个人过得比较幸福的原因。

婚姻是扶持，不是扶贫。尤其是女人，一定要自信、独立，善于经营自己的感情与家庭，那种坐享其成，过着像寄生虫一样生活的人，其婚姻从一开始就不会有胜算。

让感情受伤的不是时间，是僵化的思维

在爱情的滋润下，许多人渴望走进婚姻的殿堂，而走进婚姻的人，又渴望两个人"执子之手，与子偕老"。但是，想共度一生，就一定要为了对方不断地改变自己，尤其是结了婚的人，除了学会改变一些固有的想法，还要学会用逆向思维来看待自己的爱情与婚姻。

在感情世界中，许多人都会表现出这样的惯性思维：

"我想找一个爱我的人。"

"我想找一个能给我带来幸福的人。"

"我选择了你，你就应该让我活得幸福。"

"如果我没有选择跟你在一起，我一定会比现在更幸福。"

……

其实，一个人一旦产生了这种托付心态，便意味着情感、婚姻开始走向不幸。尤其是一些女性，在情感受挫时，会想当然地认为：我嫁给你，你就应该负责让我幸福。拥有这种心态的人，都希望从婚姻中获得最大程度的满足，但是并没有意识到，自己在做选择时，就应做好面对困难、承担责任的准备，而不只是接受。人无完人，我们不能希望对方是完美的，也不能奢望他能满足我们的任何需求。

除此之外，还有其他一些让婚姻必然陷入痛苦的思维方式：

（1）付出思维：一味付出不会显示你的伟大

德国家庭治疗大师海灵格说：我们付出的时候，就会觉得有权利；我们接受的时候，就会感到有义务。只付出不接受的人，会有一种清白感，会觉得自己在这个关系中绝对问心无愧。这是一种很舒服的感觉，有这种感觉的人，会觉得自己永远正确。

相应地，关系的另一方就会觉得不自在，可能会感到内疚，即便他不明白付出者为什么那么喜欢付出，他最终一定会产生逃离的冲动。

一旦他做出逃离的举动，那个一直在付出的人就会觉得受到了莫大伤害，并且会激烈地指责逃离者的背叛举动。殊不知，付出者才是破坏关系的始作俑者。夫妻关系和其他关系一样，是相对平等的关系，是付出和接受相对平衡的关系。

一味地"付出"并不会显得你有多么伟大，不计得失的付出，更像是一种盲目的自恋。理想的夫妻关系，应是彼此慷慨地付出，以及坦然地接受。通过这种交换，夫妻关系达成了一种平衡，且彼此都感到自己在这个关系中富有价值。

（2）征服思维：能够护短的，才是真爱

"不要征服对方"！这是夫妻最重要的相处之道。征服，是夫妻之间经常发生的事情。谈论谁是对的，追究谁是错的!讨论谁伤害了谁，谁过分了!这些都是大忌。好夫妻，永远都在相互谦让。爱对方，就别为难对方，别挑剔对方，别指责对方！傻傻地一路相伴。傻，是因为已经决定了，认定了，就没有什么需要再了解、再知道、再改进、再完善的！有进步，接受，没有，也接受！爱，就在那里！

一辈子，能够有一个人，好好相爱，是一件幸福的事。不要去破坏，多大的事情都不值得你去破坏，更不要在相爱的人身上耍小聪明，动你的精明，要动就动你的心。

（3）为婚姻而活思维：不能深入地了解自己

如果过去没有任何一段关系让你学会为自己而活，那么在婚姻中经历的痛苦将会是你重新经历成长的第一步：一边寻找自己，一边怀疑自己。

当一个人自我发展遇到麻烦时，相应的问题也体现在各种关系里。而婚姻关系恰是除了父子关系之外，渗透性最强、最难割舍的一种特殊关系。可以这么说，如果婚姻让一个人无比痛苦，由此产生的无助感也会在其他关系中出现。

如果一个人没有得到充分的成长，婚姻会让他感到痛苦，并且会让他有了再一次成长的机会。对婚姻的纠结，看起来是一种羞耻，却是一种内在真实力量的展现。

正确的成长，不是取决于你做了什么，而是取决于你是否能在经历中思考，能看见关系的局限，能厘清自己的想法，能接纳自己的不完美。婚姻总是能给你这样充分深入认识自己的机会。

（4）受害者思维：用自伤害，来伤害婚姻

在生活中，经常有这样的思维模式：当婚姻关系中的一方被伤害时，常常会选择忍气吞声，但心里在想："你终将会为此付出代价，为自己做过的事后悔！"如此，将自己看作一个受害者，认为对方终究会因此受到某种惩罚。这就是典型的受害者思维。

具有这种思维的人，通常不去思考如何解决当下的困难，而更在意对方是否有悔过之心。在婚姻关系中，如果遇到不满意的事情，他们往往选择隐忍和顺从。自己受到的伤害越深，就越有一种莫名的兴奋，因为这样可以证明对方才是麻烦的制造者。

表面上看，这是一种柔弱，其实，通过这种自我伤害的方式来让对方的良心受到谴责，只会把婚姻推向痛苦的深渊。

（5）被认可思维：只在别人身上看到未来

不管你怎么努力，一味在婚姻中寻找认可，注定会失望。因为你要找的认可其实不该存在于婚姻中，而应存在于你的个人成长中。

人生最大的遗憾，不是把时间浪费在了别人身上，而是总相信能在别人的身上看到未来，从而忽略了从自己内心深处找回希望。当你连自己都不认可时，又怎么能期望在婚姻中获得你想要的认可？

（6）改变对方思维：只会带来更多痛苦和纠结

在许多不幸的婚姻中，双方都希望改变对方，一旦产生了这种想法，就不可避免地会感到失望，甚至会受到伤害。因为你一旦产了这种想法，就意味着你在推卸自己的责任，在指责对方的错误，如此，对方感受到的是，被攻击，不被接纳。所以对方也会马上启动自我保护机制，转而用同样的方式对待你。所以，你越是希望对方为你做出某种改变，你越会感到痛苦、纠结。

如果你希望自己的婚姻幸福，请先认真审视一下自己的思维模式，只有摆脱错误的情感思维，才能促进接下来的改变。因为在这个世界上，没有无缘无故的爱和恨，也不存在谁天生就欠了谁的。当你感觉到不顺利、不快乐的时候，就应该停下来，换一个方向来考虑。当然，感觉好的时候，也不能掉以轻心，适当的反向思维，能规避掉更多的风险。

不是生意变难,是你的思维落伍了

穷人之所以穷,关键穷在思维——许多时候,不是行业难,市场难,而是你不会反转思维。一味循着传统思维看问题,处理问题,懒于思考,不知变通。算,算不过人家,说,又说不过人家,那永远也没有好做的买卖。

好生意不分行业，只看头脑

天下的生意经都是一样的，不管是做哪个行业，都需要拼头脑。有人抱怨自己选错了行业，认为"如果当初……那么现在会如何"。这是过分夸大了行业的重要性，而忽略了自己的经商思维。天下从来就没有好干的行业，许多人只抱怨现在某些行业不好做，其实，并不是行业不行了，而是自己的生意不行了。

比如在有些行业，一旦有人做某种生意赚了钱，马上会出现许多跟风者，短时间内形成恶性的市场竞争，结果大家的生意都不好做了。所以，当别人都在一个地方、一个方向努力时，你不妨换个地方或是方向，运用逆向思维看待眼前的困局。说到底，生意好不好，不在于做什么行业，而在于经商思维。

某君经常喝茶，而且是喝20元钱的绿茶。半年前，他家附近新开了一家茶店，他每次去买茶叶，老板都会额外送他半两好茶。他会把这些好茶攒起来，招待亲朋好友。有一次，他想尝尝这些茶叶好在哪里，便泡了一壶，谁知竟喝上了瘾。喝完免费的好茶，他就再不想喝20元的茶叶了。所以，他会买稍贵一点的。不管他买什么价位的茶叶，老板总是会送他一些更好的。一年下来，他

8 ▶ 不是生意变难，是你的思维落伍了

花在茶叶上的钱比以往多了十倍。

在这个故事中，茶叶店老板不走寻常路，他通过慷慨地赠送客户半两好茶，促使客户"消费升级"。在经营上，这是一种逆向思维。也正是这种经营思路，不但让茶叶店老板留住了客户，也让自己赚得了更多的利润。

曾经有一段时间，微商特别火，很多人都在上面卖东西，导致朋友圈广告泛滥，人人都避之不及。但是，真正通过微商赚到钱的人很少，只有一小部分人生意做得有声有色。

见许多人都在做微商，小薇也尝试在微店卖茶叶。但是，别人曾经用过的套路，她一概不用，因为大家已经对这些套路产生了免疫。所以，采用传统的经营思路，即使把价格压得再低，也吸引不了客户。小薇的做法是，在快手上通过短视频来宣传产品。一份简单的茶叶，经过精心的包装和多角度拍摄，用一个唯美的意境呈现出来，同时，再配一些健康小知识，让整个小视频充满了茶香的味道，并且档次也跃升了几个层次。如此，不但价格上去了，每天的销量也很大。

她的微博账号中，有很多泡茶方面的视频，虽然视频只有十几秒，但是播放量非常高，有十几万的粉丝。通过精确引流，每天都会有一些粉丝到她的微店下单。

所以说，天下没有绝对难做的生意，要做赚钱的生意，必须要转换思路，一旦思路打开了，生意不请自来。

如果人们觉得某个行业不好做，或是已经进入了瓶颈，便会想

着转行，或者退出。事实上，用逆转思路来看一个难做的行业，大多数人的瓶颈恰恰是你的机会。

A君和朋友想在某个城市投资一家饭馆。当地人的口味普遍偏重，以咸辣为主，而且消费能力不算高。他经过调查后发现，本地有许多排档、菜馆、小饭店，但大多都在做本土菜，市场竞争非常厉害。与朋友商量后，他决定开一家以海鲜为主，本地菜为辅的大排档。原材料从沿海地区采购，不但成本低，而且品质好。大排档开业后，生意非常红火。

餐饮行业是一个竞争非常激烈的行业，即使如此，有些饭店还是一座难求，而有些饭店却门前冷落鞍马稀。差别在哪里？与其说差在经营能力、经营特色上，不如说是差在经营思路上。

反转思维才能反转生意。虽然赚钱不是简单的事，但也并非难事。想做赚钱的生意，除了要了解行业，更要了解行业中人们的思维、心理。现在，很少有人再像过去那样过贫苦的日子，生活正在一点点变好，开始慢慢追求美，追求品质，所以，经商思维也要跟着改变。可是，有些老板在过去那个年代赚到过钱，陷入了"成功者的阴影"，认为在那个时代赚到钱是因为自己能力很强，于是便将过去的那一套玩法带到现在，希望继续昨天的辉煌。殊不知，传统的经营方式已经很难赚到钱了，过去的那一套方法行不通了。

生意之所以难做，关键问题在于：人们都在用同样的方法，做出了同样的事情，而且在抢同一群客户。最终只有一个结果，那就是：从最初的行业暴利时代，过渡到行业微利时代，最后是行业的无利时代。

在经营实践中，大多数人看到别人在一个领域赚到钱后，便会纷纷进入这个领域，并成为竞争对手。当大家趋之若鹜地去做同一种生意，恰恰是你撤离，或是改变的时候，适当放弃手边唾手可得的利益，做一条反向游泳的鱼也未尝不可。

逆转思维

买卖好不好，不在努力在思路

几乎所有人都认同这样一个观点：热门生意更容易做火，冷门意味着风险。其实，热门生意虽然好做，但是竞争也激烈，如果没有雄厚的资金、技术，以及相当的经验，很难做出自己的特色。所以，与其想着如何超越、打败对手，不妨另辟蹊径，选择做低成本的冷门生意，在一条与众不同的道路上证明自己。

有一段时间，共享充电宝成为投资界关注的焦点，连腾讯这样的巨头也参与其中。但很多人质疑，充电宝算不上必需品，能形成一定的市场规模吗？有市场前景吗？在众多的质疑声中，有人拿出巨资投资这个项目。

如果用常规的思维模式来看，共享充电宝的前景的确不好，原因有这么几个：

首先，不能像共享单车一样随停随借，使用过充电宝后还需到原来的位置归还。

其次，充电速度慢，使用频率也不高。

最后，如果手机没电了，或者已经关机，就无法借充电宝。

从这种常规的思维看，充电宝的前景的确不明朗，既然它的前景不太好，那为什么还有人愿意将大笔的资本投入其中呢？他们想到了哪些不同的地方？我们不妨运用逆向思维来思考这些问题。在

8 不是生意变难，是你的思维落伍了

此，我们先做个假设：

如果身边的人都习惯出门不带充电宝，在大街上到处都可以看到可租借的充电宝，只需扫一下码就可以租借或者充电。

如果使用共享充电宝成为一种潮流呢？那时，使用的人数定会大增，前景自然被看好。

假如随着科技的发展，几年之后，无须再使用共享充电宝，只需找个有信号的地方，使用无线网就可以充电，那时人们会不会用充电宝，会不会觉得充电宝的前景不好呢？

如果你是投资人，从这些角度考虑，是不是有点小激动呢？可见，如果用常规的思维去看问题，就很难看到事物的另一面，也不会看到深次层的问题。用逆向思维的方法不仅可以看到多方面多层次的问题，还可以看到别人看不到的机会。

有一个穷小伙，年过30还没有女朋友，是村里最穷的光棍。逢年过节，各家各户都会摆上好酒好菜祭拜神仙，只有他摆点咸菜馒头。众多神仙来到村里，吃过大鱼大肉后，才来到他家，一看有咸菜馒头，甚是高兴，吃过后，觉得很舒坦，便说："这小子不错，明年让你财源滚滚。"

接下来的一年小伙子好运连连，做啥买卖都顺风顺水。短短一年时间盖了房，娶了媳妇，买了几十亩地，俨然成了村里暴发户。又到了年底，村里的人见他去年用咸菜馒头换来了一年的大富大贵，便都偷偷地在祭台上摆了咸菜馒头，将大鱼大肉端走。

小伙子心想：各路神仙对自己这么好，今年发达了，应该好好

173

感谢他们，于是摆上大鱼大肉、山珍海味、好酒好菜。

神仙们来到村里，吃了一村的咸菜，心想很不爽。他们憋着一肚子气来到小伙子家，一看全是美味，顿时乐了。海吃了一顿后，大手一挥，说："这小子不错，明年全村的运势都给你。"

于是，他又走了一年大运。

这个故事很好地阐释了一种经营之道：善于运用逆向思维，才能避开竞争，占有市场的空白，从而把握住赚钱的机会。

一般来说，在生意场上运用逆向思维要经过多个环节。各环节的逻辑指向大体是这样的：卖出产品或服务才能赚钱——要卖出产品或服务，需要打败或超越竞争对手——要超越或打败竞争对手，需要靠差异化——运用逆向思维寻找差异化，从而建立自己的优势。

运用逆向思维寻找差异化，是一种简单有效的方法。也就是说，不论对手如何做，我都要这样考虑：事情能不能反着来？尤其是在对手比较弱势的环节。其实，现实中这样的例子有不少。比如，几乎所有的手机都是想方设法把人拍得更美，但抖音却反其道而行之，让拍出来的形象变丑，结果大火。

从技术角度看，让人变丑的难度应该是低于变美的，而且对手还很不好抄袭，比如美颜相机，起的名字就是美颜，如果是抄袭这种变丑模板的话，怎么对得起自己的名字和定位？那不是在打自己的脸吗。像这种利用反向思维，在对手优势领域建立自身优势的做法，也是最让对手头疼和难受的。

冷门生意有很多，只要用心观察，多逆转思维，并不难发现。但并不是每一种冷门生意都能成为赚钱的黑马，所以，在做冷门生意的时候，不可盲目操作，可先尝试做，看看市场的反应，根据反馈回来的信息再改进，然后再小规模进入市场，再回馈，再进入。

当然，在冷门生意未成为热门生意时，利润可能会高一些，随着热度的上升，利润会慢慢下降，当利润降到一定幅度后，它就变得不冷不热了。所以，做冷门生意一定要有自己的独门绝技，或是某种优势，否则，很容易被人赶超，甚至无生意可做。

推销优点，不如亮亮"缺点"

提到"推销"，浮现在我们眼前的画面可能是，商场里的促销员在向顾客推荐新品，"这是最新款的洗发水，可以让你的每根头发都得到滋润""这是用最新配方生产的饼干，健康美味""这是最新型的微波炉，健康杀菌还省电"……

在平时的生活中，我们见到的推销，99%都是"优点式"推销。也就是尽量把产品的优点讲出来，说服顾客购买。但是，顾客对这种推销方式有很强的免疫力，不会被轻易说服。为什么？很简单，你按常规思路推销，容易让顾客产生一种抗拒心理：你把产品说得如此完美，难道就没有一点缺点？鬼才信呢！所以，越是被推销员说得天花乱坠的、完美无瑕的商品，越难打动顾客的心。

真正的好东西，不用说，大家也能看到它好在哪里，许多时候，顾客更关注它有什么缺点。比如，销售冰箱时，你可以这样讲：

"这款非常节能，就是空间小一点。"

"这款适合一家三口用，就是二开门。"

"这一款外观很漂亮，但是占地面积会大一点。"

在说明优点的同时，也告诉对方"缺点"，这样显得很诚恳，可信度高。同时，也可以让客户在优缺点中权衡性价比：到底是向价格妥协，还是向每个月的电费妥协？

进行"缺点式推销",可以让客户反复比较优缺点,在比较的过程中,很容易将这件商品当成自己的购买对象。毕竟,一个人对某样商品投入心思越多,选择购买的概率也就越大。

甲骨文公司创始人拉里·埃里森在创业之初,就提出了"问题就是商机,缺点就是卖点"的观点。当时,曾引起了一些人的强烈反对。在人们的传统观念中,"缺陷"是一种可怕的状态,也是一种风险,它意味着一种产品,或者是一家企业可能会出现信任危机。

凡事都有两面性,所谓"福兮祸所伏,祸兮福所倚",好事与坏事从来都不是一成不变的,但能否从黑暗中发现光明,需要我们用逆向思维代替定向思维。只有逆转思维,才能看到缺陷背后隐藏的难以估量的商机。

拉里·埃里森32岁以前一事无成,他先后读过三所大学,没拿到一个文凭,而且换了十几家公司。后来,他到硅谷一家生产影像设备的公司工作。在那里,他发现了软件行业中新兴的关系数据库,当时很多人认为,关系数据库速度慢,不可能满足处理大规模数据或者大量用户存取数据的需求,所以毫无商业价值。

埃里森却认为,这里面潜藏着巨大的商机,如果能将关系数据库的速度提高,会赢得非常大的市场。后来,埃里森离职了,用筹集到的1200美元创立了甲骨文公司,开发通用商务数据库系统Oracle。几个月后,Oracle问世,很快就占据了数据库市场。

埃里森的成功,让人们正式承认了"缺陷即商机"的商业理念。"缺陷"一时间成了一个美妙的词语。因为它的背后可能隐藏着消费者的期盼、得不到满足的市场需求等诸多让人心动的商机。

可见，对缺陷的发现能力是决定最终能否把握住商机，赢得市场的前提条件。也就是说，你连缺陷在哪里、是什么都不知道，就没有资格谈商机。

提到奥普，绝大多数人会想到"浴霸"，其实，它是一个企业名称。之所以会出现这种情况，是因为奥普的浴霸在品牌认知度方面遥遥领先于对手。在奥普流行一句话：可以被仿冒，不可以被超越。这种自我良好的感觉来源于它的核心竞争力：强大的技术优势。传统的浴霸灯罩与灯头间的连接主要靠胶泥黏，时间长了容易脱落。奥普却将灯罩与灯头的连接处换成螺丝。如此一个小小的改动，不但提升了产品质量，也大幅提升了用户的忠实度。

这个案例告诉我们，竞争对手的缺陷也是自己的商机。盯住别人的缺陷，并生产出弥补缺陷、填补市场空白的新产品，那么，赢得更多市场的机会也就来了。

所以，多角度思考，打开自己的思维，不但可以从自身产品的缺陷，而且还可以从对手产品的缺陷中嗅到商机，进而将缺陷转变为卖点，创造商机。

顾客要的不是便宜，是占便宜的感觉

很多人做生意，尤其是刚创业的时候，理想很丰满：开业马上就能盈利，一个月或者半年就要回本。但是，当他们开始干的时候，却发现市场太难做了，同样的产品，他们还在纠结要不要涨价时，别人却在免费送。

世界上99%的人都是一开始就在琢磨如何赚钱，仅仅有1%的人研究的是一开始如何赔钱，结果，往往是这1%的人赚到了大钱。因为，赚大钱的人想的往往是如何让客户"占便宜"，进而培养长期客户，并提升客户的忠诚度。赚不到钱的人或者赚小钱的人研究的是如何占客户的便宜，结果好生意也只能做成一锤子买卖。

有一家自助餐厅因顾客浪费严重，导致效益不好，于是餐厅只好立了个规矩：凡是浪费食物者罚款十元！结果生意更差了！后有高人建议：将售价提高十元，并且规定，凡没有浪费食物者奖励十元。如此，生意变得异常火爆，而且顾客很少会有浪费行为！

要做赚钱的生意，就不要想着占顾客的便宜，相反，要让顾客觉得占了便宜，这是一种逆向思维。这种营销思维的关键在于抓住了顾客的心理，如贪便宜、贪赠品、贪打折、贪比别人划算、贪省到了钱等。

比如,有的顾客进店看上了一件内衣,如果她觉得价格有点高,就不会产生"便宜"的感觉,也不会有愉悦的购物体验。如果顾客非常喜欢一件内衣,但发现在其他店里买更便宜,或者刚买完不久,价格就降了,那么,她心中的内衣的价值感也会降低。这里的"便宜"不是指实际价格有多低,而是顾客自认为某个价格已经够低了,是一种相对的"便宜"。所以说,顾客购买产品不是图便宜,而是喜欢"占便宜"。

在国外,有一个小伙叫迈克,他很早就发现了这个秘密,并凭借一瓶小药片在两年间赚了上亿美元。他的方法非常的简单。那他是如何发现这个秘密的呢?

有一次,他去逛保健品店,发现有一种保健品卖得很便宜,而且是人们经常买的产品。迈克调查后发现,这种保健品售价为60美元,而成本只要2美元。于是他找厂家定做了这款保健品。

按照常规思维,有了产品,可以标价60美元,一单可赚58美元,如果一天成交20单,就可以赚1000多美元。其实,如果他真这么去做,未必会打开销路。高手就是高手,他没有想着去赚高昂的利润,而是想如何让顾客占便宜。

首先,迈克找到购买过类似产品的几千个人的名单,然后进行测试,分三组数据,每一组1000个人。他只以6美元的超低价格推荐给客户,只向他们索取一点包裹费和邮费。

最后,他发现只有一组的数据刚好平本,其余都是亏本的。然后他就对平本的那组数据进行不断的优化,结果,1000个受邀客户中,只有20个人会买。而且他发现,这20个人在半年间平均购买5

瓶这种保健品。

当他得出相关的测试数据后,便开始大刀阔斧地干,结果只用了两年的时间,就赚了1亿美元。

在上面的案例中,迈克先通过测试,计算出盈亏平衡点,然后以很便宜的价格把保健品卖给客户,让客户占尽便宜。在这个基础上,再精准定位客户,并提高他们的忠诚度。所以,做赚钱的生意,产品不一定是最重要的,重要的是你的思维模式。

有的人急功近利,来一个顾客,就想从对方身上狠赚一笔。而高手的做法是,先让顾客占便宜,尽可能争取顾客的信任,然后再让顾客持续贡献利润。所以,让顾客感觉占了便宜,是做销售、做经营的一种境界。

有一人去买牛奶。店主说:"1瓶3元,3瓶10元。"他心中窃喜,随后默默地掏出3元,买了1瓶,并重复了三次。他对店主说:"看到没,我花9元就买了3瓶。你定价定错了。"店主心里也在窃喜:自从我这么干,一单至少能卖掉3瓶。

其实,有时候顾客是不差钱的,尤其是一些女性,她们购物有时就是为了体验一种捡了便宜的感觉。这样的例子很常见,比如,你做熟人的生意,你告诉她:"这条围巾卖别人100块,你想要的话,50块拿去吧。"还有些人会想一些点子,什么"最后三天清仓,路过不要错过""满100返100",或者将几种不同价格的产品混在一起,把品质稍微好点的,价格定得高些,而品质稍差的,定价稍低些,顾客会通过比较看出哪个更划算,买哪个有便宜可占,这样,就会激起他的购买欲望。

　　古人云："将欲取之，必先予之。"做生意要懂得先投入，否则不可能有回报。在经营过程中，多做一些实实在在的事，在让顾客感觉占了"便宜"上多花些心思，多在服务细节上动些脑筋，多在诚信方面下点功夫，生意想不好也难。

要想躺着赚钱,就要有"躺着"的思维

在现实生活中,人与人之间存在着各种各样的差距,其中差距最大的不是学识、财富、地位,而是思维模式。成功的老板,没有过人的学历,也不是名校毕业,但是为他工作的人却往往有过人的智商,受过良好的教育。在职场中,这种现象非常普遍。做老板,就要有老板的思维模式,否则,你像员工一样思考、做事,就显不出你的优势与作用,也无力掌管好一家公司。

同样的道理,要做好一门生意,采取和同行一样的营销策略、方法,就很难体现自己的优势。只有学会逆向思维,才能把看似亏本的生意,做成赚钱的生意,才能像人们眼中看到的那样"躺着数钱"。

有个老人在河边钓鱼,一个小孩走过去看他钓鱼。

老人技巧纯熟,所以没多久就钓了一大篓鱼,老人见小孩非常可爱,便想把这篓鱼送给他,小孩摇了摇头。老人有些不解,问道:"你为什么不要呢?"

小孩说:"我想要你手中的钓竿。"

老人问:"你要钓竿做什么?"

小孩说:"这篓鱼没多久就吃完了,要是我有钓竿,我就可以自己钓,这样一辈子也吃不完。"

很多人听了这个故事，都会被小孩子的选择折服：多么聪明的孩子啊！其实，对这个小孩子来说，这并非是他最理想的选择，如果他只要钓竿，那他一条鱼也钓不到。因为他不懂钓鱼的技巧，光有鱼竿是没用的，要钓到鱼，重要的不在钓竿，而在钓技。

在生意场上，很多人跟这个小孩子一样，想当然地认为，只要自己拥有了人生路上的钓竿，就会衣食无忧。如此，每天都可以悠哉悠哉地躺着数钱。

但是，你眼中的"躺着赚钱"真的是单纯的"躺着"吗？其实，你只是看到了人家躺着的姿态，却没有看到人家躺着时的思维。

穷人的收入往往是这样分配的：

再看看富人是如何分配的：

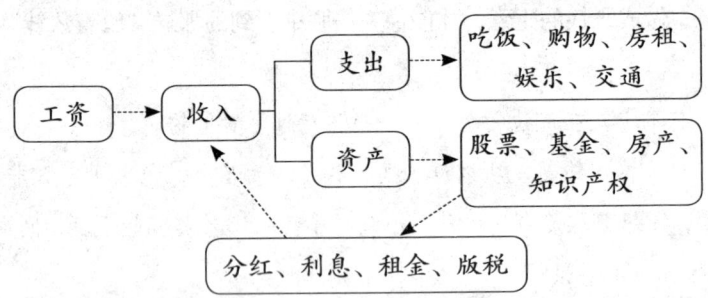

很多人看到别人在努力地享受生活，不是每天赏花观景，吃吃喝喝，就是到处游玩，年底还有大把的奖金领，心里就不平衡了。其实，如果深入地去了解这部分人会发现，你看到的都是表象，他们活得并非如你想象的那样清闲。即使在游山玩水，吃吃喝喝的时候，他们也在积极地思考。如果一个人真的很清闲，那么他一定会在一两年内失去自己的位置。原因再简单不过，他荒废了——思维固化了。

躺着赚钱的人，钱从哪里来？思维！当有了一部分原始积累后，他不需再去干体力活，而是要干脑力活，每天都在想怎样赚钱。平时，带客户到处游玩，是为了增进感情；和客户吃饭喝茶，是为了谈合作；请客户一起旅游，是为了把握商机……可见，在你眼中整天吃喝玩乐的人，是在用另一种方式赚钱。

所以，当看到别人躺着赚钱的时候，你不妨反省一下自己的现状：

"为什么别人喝茶看报，老板还毕恭毕敬，而我每天像耕牛一样勤劳，老板还嫌不努力？"

"为什么别人随便提个点子，就能获得丰厚奖金，而我的方案却被一再否决？"

"为什么别人整天吃吃喝喝，活得很滋润，而我却败在了公司的下午茶上？"

……

这不是因为你的能力问题，而是你不懂扭转自己的思维，做事老套。在职场或是商场上，大凡较成功的人，在一定意义上都在用脑子赚钱——不断逆转自己的经营思维，既不去闭门造车，也不去天马行空。能躺着赚钱，为什么要站着努力呢？这是人性使然。躺，是一种姿态，谁都会，但躺着赚钱却是一种本事，你的思维不够格，躺下去，很可能就爬不起来了。所以，躺不躺并不重要，重要的是，要改变自己的思维。

逆转销售思维,找到成功捷径

聪明人都惯用逆向思维,不去玩人家玩剩的东西。由此,就有了许多发明创造:

从前人走在楼梯上,人向上,楼梯不动,那么可不可以反过来呢?!于是就出现了自动扶梯。

过去空调只是制冷,那么能不能让空调也一起制热呢?没毛病!后来就有人把空调制冷的热能导入了厨房,成了家用热水系统。

以前动物被关在笼子里,人可以围着笼子看,那么能不能反过来呢?可以!后来索性就出现了野生动物园,人们可以开车进行观览。

在销售工作中,也要应该学会逆转思维,避免在常规的思路里打转。逆向思维是灵感的源泉,可以帮你找到成功的捷径。

在某地,有两家挨得很近的服装店,因为竞争,两家店的老板水火不容,每天都在打价格战。只要一家店打出招牌,出售某款衣服,另一家店马上会打出同款商品的广告,而且价格更便宜。

几年下来,两家店一直在打着这种价格战。有时为了争抢客

8 ▶ 不是生意变难，是你的思维落伍了

人,两家店的老板还会对骂,甚于大打出手。为了争抢客源,双方会轮番降价,最后价格降无可降,这才罢休。这时观战的路人,会到价格更低的一家店里疯狂抢购。

由于两家店的竞争被人们传开,很多客人都会从较远的地方来这里买衣服。一时间两家店声名鹊起。有一天,人们竟然发现两家店的老板是亲兄弟,原来所有的谩骂、威胁和对抗都是在演戏。这些价格战都是演出来的,不管谁赢了,另外一家都会把双方所有的库存商品卖给顾客。

相较于一般商家"满200返100""五折促销""跳楼价"等玩法,这两家店转变销售思路,创造了一种新玩法。结果,既赚了钱,也赚了名声。

有一家瓷器厂,在做产品策划时,销售经理与老板发生了争论,原因是老板的定价太高了,每款产品的价格都比之前高了近一倍,经理认为定价太高,销售任务难以完成,老板对他说:"如果只想卖原来的价格,就用不着请你来了,销售经理的任务就是把产品卖出好价钱。"这位经理只好辞职走人。一个销售员自告奋勇,说:"老板,我想尝试一下,我不要你开工资,也不想做经理,每卖出一件,你给我提销售额的1%就可以。"老板没多想,便拍板说:"好！完成任务还有奖励。"

他看过老板的定价策略后,说:"价格只提高一倍？太低了！"老板不解:"这个价格卖出去已经很不错了。"他笑而不语。

其中有一款产品是瓷杯,原价5元钱,当普通杯子卖,一个只能卖8元,而且还不好卖。况且,附近的商店、超市也在销售类似

商品。这个销售员决定先以销售这款杯子为例,来展示自己的销售技艺。

第一个星期,他决定卖杯子的文化价值,定价10元一个。

第二个星期,他卖杯子的品牌价值,一个15元。做法是:在杯子上贴上著名品牌的标签,别人卖得再便宜也不会对他的销售有多少影响,因为有许多人愿意为品牌支付更高的价格。

第三个星期,他卖杯子的组合价值,标价25一个。将杯子设计成电视节目中的一些卡通造型,然后组成套装,再精心包装,最后再起一个好听的名字。一组两个卖50元,三个卖70元。

第四个星期,他卖杯子的延伸价值,每个至少50元。杯身用磁性材料制作,在宣传上称有磁疗、保健的功效,同时配有使用说明书。结果,产品还是大卖。

第五个星期,他卖杯子的细分市场价格,一对166元。在具有磁疗保健功能的杯子上印上十二星座,然后用时尚美观的礼盒包装,再取一些好听的名字。结果,购买的情侣非常多。

第六个星期,他卖杯子的包装价值。将具有保健功能的"情侣杯"分三个档次包装:最便宜的是经济装,208元一对;其次是精美装,卖208元一对;再就是豪华装,卖258元一对。结果卖得最火的是豪华装。

第七个星期,他卖杯子的纪念价值,一个500元,还限量,顾客需提前下单预约。在宣传时,重点强调某位明星也曾使用同款杯子。结果,一天就被订出100套。

两个月下来,光瓷杯这款商品,他就为工厂带来百万的利润,超出老板预期十倍。

可见，同样的杯子，采用不同的价值创新策略，就会产生不同的营销结果，如果能够深刻领悟其中的含义，你还会一头栽进"杯子里面的世界"而出不来吗？

一切事物都有两面性，从相反的角度去思考，有时会产生出人意料的效果。成功的销售策略，往往都暗含着一些逆逻辑、逆思维。只有改变常规的思考轨迹，用新的角度、新的方式研究和处理问题，才能突破销售的瓶颈。

垃圾，是放错了地方的"宝贝"

有一句话说："垃圾，是因为放错了地方。"有些东西之所以被称为垃圾，是因为我们认为它们不再具有使用价值了，但并不是说，它真的没有任何价值。善于逆向思维的人，往往能够从别人眼中的"垃圾"中发现与众不同的价值。

提到苍蝇，我们的头脑中立马会形成这样的思维：苍蝇—肮脏—传染疾病—消灭。没有人会喜欢苍蝇，但如果我们反过来看呢？

在第一次世界大战期间，军队的医疗条件落后，不少士兵受伤后，得不到很好的救治，甚至伤口很少会做消炎处理。几天后，苍蝇在伤兵的创口上产的卵会变成蝇蛆，看上去非常恶心。但是，这些伤兵却不发烧，伤口也不腐烂。更让人匪夷所思的是，创口会逐渐愈合。这一奇妙的现象让医生百思不得其解。

于是有人开始反过来思考这个问题：虽然苍蝇非常脏，却不会被细菌感染，这恰恰说明苍蝇有极强的抗菌功能。

在美国华盛顿，一位老人长期卧床，身上长了大面积的褥疮，使用过各种抗生素，都没有效果。后来，一位医生只好采用"蝇蛆疗法"，先用绿头苍蝇在马肉上产卵，卵变成蛆后，再将处理后的蝇蛆放养在患者伤口上，结果褥疮腐肉被蛆虫一扫而光，伤口很快愈合了。

用最肮脏的东西完成了最圣洁的"工作",如果不运用逆向思维,谁会想到苍蝇有这种奇效呢?

庄子曾讲过这样一个故事:有人种葫芦,种出一个大葫芦,结果犯了难,不知该怎么利用这葫芦。葫芦一般是用来盛酒水的,由于葫芦太大,装满水一定会破裂,如果锯开,用它的一半当瓢舀水的话,又没有那么大的水缸。庄子觉得这个人太笨,为什么一定要用它来装水呢?如果把它放在河中,当作小船用,不是更好吗?

苍蝇有害,却可以变害为宝;大葫芦盛不了水,反过来用水盛它,化废为用。这就是睿智过人的逆转思维。所以,许多我们眼中所谓的垃圾,都只是放错了位置的宝贝。在生意场上,相对于常规的赚钱手段,善于逆向思考,才能在别人不注意的地方找到致富的好点子。

1973年,由于长年风化,美国自由女神像受损严重,纽约市政府决定对自由女神像进行一次大规模的修缮。工程结束后,现场留下了200吨左右的废料,如何清理这些废料,让纽约市政府犯了难。后来,只好进行公开招标,并愿意出价2万美元清理费。但是,许多当地人都不愿意干这个活儿。因为,处理那么一大堆碎石、废钢筋、朽木块、烂水泥费时费力,并且在处理这些费料时还须遵守一些严格的规定,既不能就地焚烧,也不能挖坑深埋,只能装运到很远的垃圾场。如果一辆车装4吨,需要运50多趟,还要请装运工、清理工等,算下来至少要花 2.5万美元。

但是,一位名叫斯塔克的商人却接手了这个活儿,这让其他承包商颇为不解,觉得他脑子有问题。但斯塔克的做法却让他们非常震惊。因为,斯塔克不但出色地移走了垃圾,还从中大赚了一笔。他究竟是怎么做的呢?

原来,斯塔克并不只是将垃圾移走埋掉,而是对其进行了分类,做成不同的纪念品卖给游客,从中获利丰厚。比如,他把废铜熔化后铸成小自由女神像,把废铁、废铝做成纪念品,把水泥做成小石碑,把废铅、废铝做成广场的钥匙……再将这些东西装在玲珑透明的盒子里。这样一来,看似毫无价值的200吨废料,却成为一件件价格不菲的纪念品,斯塔克因此赚了12.5万美元。

面对这堆废料,所有人首先想到的是,这是一堆让人头痛的、需要处理的垃圾,或者有的人会想,将垃圾处理完,该如何规划这个广场。但斯塔克却以敏锐的眼光看到了这些垃圾里藏着的财富。

天下没有难做的生意。在现实世界中,到处都是商机,有些是别人注意不到的,有些是别人把握不住的,还有些是别人不屑去把握的。只要善于逆向思维,在大家都不会在意,不想在意的地方多思考,便能把握住别人想不到也看不到的生财之道,进而把别人眼中的垃圾变为自己的财富。

健身房的传单,永远要发给身材好的人

我们经常会看到有人在大街上发传单,方式简单粗暴:要么硬往路人手里递,要么往路过的汽车的驾驶室里塞。通常,发出去100份传单,连10个看的人都没有,多数传单会被扔进垃圾筒,或被随意丢在路边。结果,传单是发出去了,功课却白做了,起不到一点效果。

发传单也是个技术活,也要动脑子,传单本身不值钱,但找到对的客户值钱啊!有一家健身馆,也经常要求员工到人多的路口、超市门口发宣传单,但有一个规定:宣传单不能随意发,只发给那些身材好的人。

起初员工觉得老板在恶搞,后来才意识到他的用意。因为他们发现,如果把传单发给胖子,胖子要么不接,要么接过来也不看一眼,随手就丢弃了。这是为什么呢?

有句话叫"矮子面前不说短话",你把健身传单塞进胖子手心这个动作,等于在暗示他:"喂,老兄,你可真够胖的,要不要来我们这里减肥啊?"你是胖子,你会怎么想,有没有一种隐隐被歧视的感觉?你给身材好的人就不一样了,他会觉得:你看,我身材这么棒,竟被你注意到了,说明你很懂健身啊,如果你家价格低,服务好,当然可以体验一下啦。

逆转思维

所以，对待客户，一定要多逆向思考，站在对方的角度看问题。看问题的角度不对，不顾及客户的体验，用再多的花样营销，把价格压得再低，也激发不了客户的需求。要激发客户的需求，不能靠低价、靠折扣，而要靠逆向思维。

有个人背着一个大包，来到一座古寺。他找到这里管事的老和尚，对他说："凡是来进香朝拜的人，大多有一颗虔诚的心，宝刹要是有所回赠，是不是更好呢？以此作为纪念，保佑其平安。我有一批木梳，您的书法独一无二，可以刻上'积善梳''平安梳'这样的字，作为赠品。"

他还告诉和尚：梳子是善男信女的必备之物，经常被女香客带在身上，如果大师能为梳子开光，成为她们的护身符，既能行善积德，又能保佑平安，很多香客还能为自己的亲朋好友请上一把，弘扬佛法，扬我寺院之名，岂不是件善事？

老和尚想了一会儿，认为他这个主意不错，于是买了一大批梳子，还希望能多买一些不同的梳子，以便赠给各种类型的施主与香客。

众所周知，和尚是用不着梳子的，如果你跟和尚说："喂，你知道吗，梳子可以用来梳头诶。"肯定一把也卖不出去，还可能被人误以为有嘲讽之意。这位高手之所以能将梳子成功卖给和尚，因为他压根儿就没想着把梳子卖给和尚用。他换了一个角度，发现了香客这一潜在客户群，进而又抓住和尚慈悲为怀、扬善积德的心理，无形中抬高了寺庙的地位，然后赞赏了老和尚的书法。如此，老和尚喜不自胜，高高兴兴地做了木梳的中间商。

可以说，逆向思维为这位卖家打开了一片全新的天地。不管做什么生意，一定要深入了解人们的思想与观念，然后据此创新自己的方法。这样，才能让合适的产品找到合适的买家。

安德森是美国一家玩具公司的董事长，有一次他到郊外散步，偶然看见几个小女孩正在玩一只肮脏且异常丑陋的昆虫，并且爱不释手。安德森灵机一动，市面上卖的都是美观漂亮的玩具，假如生产一些丑陋玩具，又会怎么样呢？回到公司后，他马上组织人员投入研发，研制出一套"丑陋玩具"，并迅速投放市场。

没想到"丑陋玩具"非常畅销，给公司带来了可观的利润，让同行十分羡慕。于是"丑陋玩具"很快风行开来。如"疯球"就是在一串小球上面，印上许多丑陋不堪的面孔；又如橡皮做的丑陋的农夫，长着一头枯黄的头发，一身绿色的皮肤和一双鼓胀而带血的眼睛，眨眼时又会发出非常难听的声音，等等。这些丑陋玩具的售价竟比那些漂亮玩具的价格还高，但是问世后却一直畅销不衰。

人类的需求非常复杂，不要想当然地否决某些奇思怪想。应该认真观察，大胆假设，小心求证，有时候听起来不可思议的想法，最后却证明符合事实，完全可行。一般人认为价格越低越容易卖，其实有时价格高会让商品更抢手。派克钢笔在全世界享有盛名，集高贵、典雅、精美、贵重于一身，是人们经常互赠的礼品和收藏的珍品。但有段时间为了扩大销量，管理层决定降价销售，结果年报表上一片赤字，公司一度接近破产边缘。高价格预示了高品质，也代表了过人的财力和尊贵的地位。普通人有时也希望奢侈一回，当然除了价格，还需要其他指标让用户真切地感受到产品的高品质。

所以说，在生意场上，如果传统方法无法超越对手，可以尝试"反其道而行"，不要去和对手争抢客户，也不要去打价格战，而要去创造新的需求。许多时候，客户不需要，不是他们的需求得到了满足，而是你的产品或服务不能满足客户的需求——客户的需求永远不会被满足，只是你没有发现而已。

逆着看逆境：新出路在于反思路

在善于逆转思维的人眼中，天下没有永远的逆境，也没有一无是处的逆境，只有在逆境中不会逆转思维的脑袋。不论在人生的哪个"战场"，只有学会运用逆向思维，才有机会绝处逢生，才能实现人生逆袭！

逆转思维

逆境是成功路上的请柬

"顺"与"逆"是一对反义词。顺时,好运气总是伴随自己,生活惬意,内心舒坦;逆时,坏运气总是不期而遇,生活乏味,内心烦躁。每个人都希望自己过得顺顺当当,但生命的航程怎能是一帆风顺?命运之神常会捉弄世人,会在不经意间改变某个人或某些人的命运。在这个过程中,他或他们要经历种种逆境,甚至是绝境。

逆向思维不仅适用于顺境,更适用于逆境。人都不想遭遇逆境,觉得它是坏事。换个角度看,逆境也是好事,它能锻炼你的意志力,提高你的承受力,给予你无尽的奋斗动力。所以,逆境并不是绝境,世界上也根本不存在"绝境"。

多年前,一个中年男人经营着一家小杂货店,但生意非常差,以至于无法支付儿子的大学学费。他的儿子弗兰克·卡纳利,年轻而富有激情,对生活充满了希望。有一次,他劝父母说,经营了这么多年杂货店却没有赚到钱,是不是该换一个思路了。

那时,离他家不远有几所学校,主要是一些高中、大学,所以学生们经常过来吃快餐。卡纳利想,附近没有一家比萨饼屋,如果卖比萨呢?生意一定会不错吧!于是,他在自家杂货店的对面开了一家比萨饼屋,并做了精心的装修。开店不到一年,卡纳利的比萨饼就成为附近学生的最爱,店里的生意异常火爆。后来,他在当地又开了两家分店,生意也特别好。

初次创业获得成功后,他的胃口也变大了,于是又接连在俄克拉荷马开了两家分店。但不久,坏消息传来,俄克拉荷马的两家分店出现了严重的亏损。起初,卡纳利为一家店准备500份比萨,结果有一半卖不出去。后来他又按200份准备,还是会剩下不少。最后他只好准备50份,但也卖不完。即使全部售完,也不足以支付每天的房租。

两家分店的生意惨淡,给卡纳利带来了不小的亏损,他只好用当地三家比萨店的盈余来填补俄克拉荷马两家比萨店的亏空。由此,他白白辛苦了一年。之后,他开始认真思考:同样是卖比萨饼,为什么两个城市会出现如此大的反差?

很快,他就发现了问题,两个城市的学生在饮食和趣味上存在着较大差异。另外,在装潢和配方上面他也犯了错误。找到问题的根源后,他迅速做出改变,生意逐渐有了起色,慢慢地,俄克拉荷马分店的营业额超过了本市的其他三家店。

接下来,卡纳利又在纽约开了两家比萨店。与最初在俄克拉荷马开店一样,两家比萨店每天都在亏钱,虽然他想尽了各种方法,但就是打不开市场。经过一番市场调研,他发现问题出在比萨饼的硬度上。为此,他研究了一种新配方来改变硬度。结果,新比萨非常受纽约人的欢迎。

就这样,卡纳利不断在错误与逆境中前进,生意越做越大。19年后,卡纳利的比萨饼店遍布美国,共计3000余家,市值3亿多美元。他的连锁店叫必胜客(Pizza Hut)。

卡纳利说:"我每到一个城市开一家新店,十之八九会失败,最后能成功，是因为失败后我从没有想过退缩，而是积极思考失败的原因，努力想新的办法。如果你不能确定什么时候成功，就一定要先学会接受失败。"

每个成功者都不可避免经受挫折，甚至是失败。在逆境中，他们有两种路可以走：一条是一蹶不振，丧失信心；另一条是吸取教训，重新振作。前者是一条失败之路，后者是一条逆袭之路。所以，同样的问题，有时换个角度，换种思维，结果就大不相同。

比如，当淘宝最困难的时候，全球最大电商巨头"eBay"来了，按常规思维看，这个强大的对手对淘宝绝对是个坏事。如果淘宝循着这个思路，和对方正面竞争，可能只有死路一条。但是马云没有这么做，而是采用逆向策略，让商户免费入驻淘宝。结果，一举将"eBay"前期积累的商户都争取了过来，从而成就了商业史上经典的逆袭战。

把问题反过来想，其实真正考验的不是你会不会"逆反"，而是你的常规思维的逻辑能力是不是足够强大，知识面是不是足够广，这就是"守正出奇"的道理。

反转思维，才能反转人生

置身于困境中，破局的关键不仅在于问题本身，在于你有没有应对困难的勇气，也在于你有没有认真去"想"。许多时候，不怕事情难办，就怕你不去想，不去打开自己的心结。如果把问题比作锁，那么，每把锁都对应一把可以打开它的钥匙，而这把钥匙就藏在我们身上。

有一个土豪，每次出门都担心家中被盗，想买只狼狗拴在门前护院，但又不想雇人喂狗。经过认真的思考，他想到了一个办法：每次出门前，都会把家里的wifi密码去掉，然后放心出门。等他回来时，门口总会蹲着一些玩手机的人。所以，家中的财产非常安全。

如果按常规思维想问题，看家护院，应该养一条狗比较好，但是换个角度想这个问题，结果就大不一样了，看院不一定非要养狗，方法对了，一大帮人愿意免费帮你看院。

在人生的路上，我们不可能总是一帆风顺，当你发现自己一直坚持的路是行不通的，不妨反转思路，试试另外一条路，说不定就此开辟出一片新的天地。

曾经，有两个观光团到日本伊豆半岛旅游，那里的路状有点差。其中一位导游不断向游客表示歉意，说路面崎岖不平，给大家带来不便。游客也跟着抱怨连连，说为什么要走这么难走的路。另一个导游却诗意盎然地对游客说："各位游客，我们正在走的这条道路，可是赫赫有名的伊豆大道哦。"结果游客都兴奋地望着窗外，饶有兴致地欣赏着沿途的美景。

下面这个故事，讲的也是这个道理。

几年前，A君开始经营豆类生意，开始，他赔得一塌糊涂，后来他改变了思路，生意才逐渐有了起色。如果豆类销路较好，就直接卖豆子赚钱；如果豆子滞销，就采用不同的应对办法。

第一种办法：将豆干沤成豆瓣，卖豆瓣。如果豆瓣卖不动呢？就腌了，卖豆豉；如果豆豉还卖不动，再加水发酵，改卖酱油。

第二种办法：将豆子制作成豆腐，卖豆腐。如果豆腐不小心做硬了，改卖豆腐干；如果豆腐不小心做稀了，改卖豆腐脑；如果实在太稀了，改卖豆浆。如果豆腐卖不动，放几天，改卖臭豆腐；如果还卖不动，就让它彻底腐烂后，改卖豆腐乳。

第三种方法：让豆子发芽，改卖豆芽。如果豆芽卖不出去，再让它长些，改卖豆苗；如果豆苗还是卖不动，就再让它生长，干脆当盆栽卖，并起一个好听的名字。如果还卖不动，就赶紧找块地，再把豆苗种下去，几个月后，收成豆子，再拿去卖。这样下来，一粒豆子都不会浪费。

不得不说，A君是个精明的生意人，他的眼界与思路要甩常人

9 逆着看逆境：新出路在于反思路

几条街。所以，在他的脑子里，没有"生意不好做"这一想法，只有如何把生意做得更好的思路。他善于把问题倒过来想，把别人认为的困难视为新的机会，这样的生意人又怎么会不赚钱呢？

每件事情都有多个方面，按常规思路看是挫折、困难的事情，如果能倒过来看，往往蕴藏着新的机会。

两个农村小伙想进城找工作，一个想去上海，另一个打算去北京。在候车厅时，他们都听人议论说：上海人做事精明，外地人问路都收钱；北京人比较淳朴大方，见到乞讨者，不但会给钱，还会给吃的、给穿的。于是，原本想去上海的小伙子想：还是去北京好，即使挣不到钱，也不会被饿死。而打算去北京的那个人也在琢磨：还是上海好，给人指路都能赚钱，可见遍地都是商机。他们都想退票，结果两个人在退票窗口相遇了。要去北京的小伙得到了去上海的票，去上海的小伙得到了去北京的票。

来到北京后，小伙子觉得北京非常好，但是，他来了一个多月，还是没有找到合适的工作，虽然身上的钱花完了，但是没有饿着肚子。渴了，就到银行大厅里找水喝，饿了，就到超市卖点心的地方试吃，或免费品尝。

而去上海的小伙子发现，在上海做什么都可以赚钱：打扫厕所可以赚钱，卖饮料也可以赚钱。由于没有本钱，他就从郊外挖一些含有腐殖质的泥土，然后用塑料袋包装好，卖给城里养花的人。后来，他攒了一些钱，租了一个门面，再后来，他注册了自己的公司。有一次，他乘火车去北京考察市场。刚下火车，只见一个脏兮兮的人伸手向他要钱，就在他抬头的瞬间，两个人都愣住了，因为六年前，他们曾换过一次票。

虽然这并非一个真实的故事，但多少有些让人唏嘘。同样背景的两个人，在短短的六年时间，却出现了巨大的反差，原因在哪里？在于思维不同，心态不同。原本打算去上海的人，受惯性思维控制，改变主意要去北京，并且想当然地认为，"精明"是算计，是坏事，而把"淳朴大方"想成对自己"无害"，也正是这种想法，使得他失去了向上的动力。相反，本来要去北京的人却倒过来看问题："精明"恰恰说明人们有商业头脑，说明这里商机较多。结果，这种逆向思维给他带来了机会，最终成就了他。

　　决定人生高度的不是你的学历、背景、资历、经验，而是你看问题的角度、深度和广度。同一种状况，由于不同的思维，才会产生不同的态度和结果。所以说，世界本身是没有问题的，问题是由你的思想造成的。

做事别教条，反逻辑才能破局

在应对一些复杂的局面时，运用逆向思维，可以突破一些常规思维的束缚，使问题向更有利于自己的方向发展。因为运用逆向思维，做出来的事，说出来的话，在别人看来都是反逻辑的，一时半会儿让人摸不着头脑。这样，不但在关键问题上可以制造一些缓冲，减少正面的冲撞、对立，也会有效引导对方的思路，使其摆脱常规思维的束缚。

晚清时，曾国藩曾多次率领湘军与太平军激战，但总是打一仗败一仗，特别是在鄱阳湖口一役中，还差点丢了自己的老命。后来，他在上疏书中深表自责，其中有一句是"臣屡战屡败，请求处罚"。但有个幕僚觉得这种表述欠妥，建议他将"屡战屡败"改为"屡败屡战"。这么一改，果然收到奇效，皇帝非但没有责备他多次打败仗，而且还表扬了他。

在这个故事中，曾国藩只是将自己的表述颠倒了一个顺序，结果产生了完全不同的效果。这就是反逻辑的力量。其实，在现实生活中，我们也经常见到这种反逻辑的表达，或是做事方式。它往往能达到一种出奇制胜的效果。

以上面的故事为例，在正常情况下，我们思维逻辑是："臣屡战屡败，请求处罚。"反逻辑的表达是："臣屡败屡战，请求处罚。""屡战屡败"，重在强调每次战斗都失败，给人的直观感受是，此人为常败将军；而"屡败屡战"，却强烈地表达了自己对皇帝的忠心，以及永不言败的勇气。

有一次，魏文侯问李克："吴王夫差为什么会失败，并且亡国了呢？"

李克的回答十分简洁、干脆，他说："主要在于夫差经常征战，又经常胜利。"

听他这么一说，魏文侯感到非常吃惊，于是皱着眉头问道："经常征战，且经常胜利，这对国家是一件幸事，怎么能成为亡国的理由呢？"

李克顿了顿，淡淡地说："经常作战，则将士身心疲惫，经常胜利，则大将骄傲自满。一身傲气的大将带领一群身心疲惫的士兵，岂有不灭亡的道理？"

听了李克的话，魏文侯连连点头称是。

刚开始，李克回答魏文侯的问话时，便利用了逆向思维——说话反逻辑，从而把魏文侯的胃口吊了起来。在此基础上，再阐述自己的观点，魏文侯就很容易接受了。所以，高手说话、做事反逻辑、不走寻常路，并不是为了哗众取宠，而是另有深意，在别人不明就里时，以反思维讲出的话，做出的事，可以使人感受到期待与嘱托，明白利害冲突，从而让人深深铭记并随时可以想到它。

两千多年前，古代先贤便把逆向思维当作了一种破局的思路。

9 逆着看逆境：新出路在于反思路

据《史记·卷六十五·孙子吴起列传》记载：

公元前354年，魏国大将庞涓率军围攻赵都邯郸，双方战守年余，赵衰魏疲。这时，齐国应赵国的请求，派遣大将田忌、军师孙膑，率兵八万救赵。刚开始，田忌与孙膑率兵进入魏赵两国交界之地时，田忌打算带兵攻打邯郸城，而孙膑认为：要解开纷乱的丝结，不能强拉硬扯，要排解双方的争斗，就不能直接参与其中，平息纠纷要抓住要害，乘虚取势，双方因受到制约才能自然分开。所以，解围的关键在于：避实就虚，击中要害。

于是孙膑向田忌献了一计："现在，魏军主力集中在邯郸，魏都大梁内部空虚，我们如果带兵直插大梁，占据交通要道，袭击它空虚的地方，庞涓一定会回师自救。这样一来，就会解邯郸之围。我们再于中途伏击庞涓归路，魏军必败。"

事情果然如孙膑所料，魏军匆忙离开邯郸，在返回的途中又遭到伏击，与齐军战于桂陵。因为魏军士兵长途奔波，疲惫不堪，结果溃不成军，庞涓勉强收拢残部退回大梁。这一战齐军大胜，邯郸之围旋即解除。

孙膑用围攻魏国的办法来帮赵国解危，这在中国历史上是一个很有名的战例，被后来的军事家们列为"三十六计"中的第二计。围魏救赵的精彩之处在于：以逆向思维的方式，以表面看来舍近求远的方法，从事物的本源上去解决问题，而不是纠缠于表面，从而取得一招制胜的神奇效果。

"法有定论，兵无常形。"在纷繁复杂的战场上，灵活、恰当运用逆向思维，往往能够取得意想不到的效果。《孙子兵法》曰："不尽知用兵之害者，不能尽得用兵之利。"又曰："智者之虑，必杂于利害，杂于利而务可信也，杂于害而患可解也。"在这里，"杂于利害"其实是一种逆向思维。

　　现实生活当中，我们都习惯用定向的、惯性的思维去思考。逆向思维则是把通常思考问题的思路反过来，用对立的、看似不可能的办法去解决难题。利用逆向思维可以巧妙地解决一些正常思维所不能解决的问题。所以遇到难题，不妨从多个角度去寻求破局的玄机。

生活本没那么糟,多反向看问题

人生不如意,十之八九。在生活中,谁都难免会遇到一些挫折或不如意的事。如果怨不得自己,也不该一味地抱怨别人,正如大作家毛姆所说:"在人们的惯性思维中,自己撞墙碰壁,总要怨天尤人,把别人往坏处想,好像别人故意给自己颜色看,这不仅影响了自己的事业,更影响了人际关系。"

在我们感到不顺的时候,一定要学会用逆向思维看问题,不要首先想别人或是社会对自己如何的不友好。

有一个小伙子在一座高楼顶上大喊大叫,扬言要跳楼,下面有许多人在围观。警察问他为什么要跳楼,他说:"我和女朋友谈了八年恋爱,结果她把我给甩了,跟一个老板跑了,本打算明天结婚,我感觉活着没意思!"这时,人群中的一位老头说:"你都睡了别人的老婆八年了,你还有脸在这里自杀?"小伙沉默了,过了一会儿,他自己走了下来。

每一个人都是以自己为中心来看待这个世界的。其实,生活原本没有你想象的那么糟,只不过你总念着自己的好,却不念对他人、社会的奉献与责任。

没有烦恼的人是不存在的，在问题与困扰面前，不妨多运用逆向思维，多欣赏生活的美好。许多时候，一个人被烦恼所困，说到底还是被自己的思维所困。如果总把别人想得那么坏，然后心生愤恨，最终，好事也会给自己带来坏心情。

高情商的人善于逆向思维，在问题面前，也能让自己的心情美丽起来。

清末，左宗棠提拔文格做了湖南布政使。除了巡抚大人张秉辉，文格就是一把手。一次朝廷下诏，要地方推荐能胜任道府官员的人选。文格认为，这是一个培植亲信的好机会，便特别用心。不承想，他推荐的人选一个都没被上报，而张秉辉推荐的全报上去了。文格便怀疑是左宗棠从中搞鬼。

有位朋友劝他说："说不定是你哪里做得不妥，或者左大帅有他的道理，你不应该妄自猜测。"文格哪里听得进去，说："他提拔我，却又用权术压制我，你说这算什么？我一定要让他为此付出点代价。"

正逢樊燮要到京城去告左宗棠的状，于是，他便给樊燮弄了些材料，说左宗棠左右湖南政务，搞"一印两官"。其实，根本没有那么回事，但左宗棠差点儿因此丢了官。后来，左宗棠气得再也不理文格。

生活中，每个人都希望过得幸福，但是，有人老往坏处想，所以不幸福。文格就是这样的人，因为他推荐的人选没有被采纳，便妄自猜测，认为左宗棠在玩弄权术，甚至还怂恿樊燮告御状陷害左宗棠，真是令人不齿。自己办事有问题，不知反省，纠正不足，却把别人往坏处想，把责任归咎于别人。这样，不但吸取不到有益的经验、教训，还会伤害无辜的人，败坏了自己的名声。

所以，当事有不顺时，要学会反向思维，要多念别人的好，少念人过。金无足赤，人无完人。没有哪个地方，只有白天，没有黑夜；没有哪个人，从不犯错，事事完美。彼此包容，才能舒服相处，相互理解，才能快乐生活。

少念人过，多记人好。记着别人的过错，痛苦的是自己，念着别人的好处，收获的是知足。人都是相互的，你尊重我，我也尊重你，你念我错，我也记你错。

在生活中，不要因为一点小事，就整天吵吵闹闹；不要因为一点小错，就否定对方的一切。别人犯错时，选择包容谅解，对方会对你感激不尽，在你落难时伸出援手，在你成功时默默祝福。宽容别人，就是给自己留下余地，欣赏别人，就是给自己种下幸福。

困难在哪儿，机会就在哪儿

如果你觉得困难，恭喜！那说明你正在进步。

每个人在一生中都会不断地面对"难题"或"问题"。失败者有失败者的问题，成功者有成功者的问题。而多数情况下，成功者遇到的问题要比失败者更多。所以，在这个世界上，每个人都有自己的困难需要解决和处理，唯一没有困难的人，就是那些已经被埋在地底下的人。

优秀的人与平庸的人之间最大的差别，就在于解决和处理难题时的态度和思维，而面对难题的不同态度与思维，会体现为不同的解决问题的能力。许多人在朝着目标或愿望行进的过程中，将所遇到的难题当作他们前进路上的绊脚石。

事实上，你在成功过程中遇到的各种难题不仅不是绊脚石，而且是实现目标的阶梯。当难题出现时，许多人的第一反应就是如何去摆脱它，或希望一脚把它踢开，或者干脆视而不见。但问题是你真能摆脱吗？当困难来临时，如果一味地回避，只会产生更大的困难。相反，一定要学会正视它，多想想困难发生的原因是什么？找出背后的原因，并加以解决，危机往往会变为

9 逆着看逆境：新出路在于反思路

转机。

南宋绍兴十年七月的一天，杭州城中最繁华的一条大街突然燃起了大火。当时，火势非常迅猛，数以千计的房屋、商铺被大火吞没。

裴泾渡是城中的大富商，他苦心经营了大半辈子的几家钱庄、当铺和珠宝行，都坐落在那条街上。因为火势越来越猛，店铺一间接着一间被烧毁，眼睁睁地看着大半辈子的心血毁于一旦，裴泾渡并没有像其他商人那样悲痛欲绝，也没有让人冲进火海去抢救财产，而是平静地指挥他们迅速搬离，一脸的淡然，这让很多人大为不解。

裴泾渡回到家中，拿出了所有剩余的钱，派人从长江沿岸平价购回大量木材、竹子、砖瓦、石灰等建筑材料。当这些材料像小山一样堆起来的时候，他又变得沉默不语，整天只是品茶饮酒，似乎刚刚发生的大火和他没有任何关系。

大火烧了数十日后，终于被扑灭，曾经车水马龙的杭州，大半个城的房屋倒塌，一片狼藉。没过几天，朝廷下旨：重建杭州城。凡经营销售建筑材料的一律免税。于是杭州城内一时大兴土木，建筑材料供不应求，价格上涨。裴泾渡趁机出售建材，大赚了一笔。

即使困难再大，也有翻身的机会，只是看你能不能找到破局的关键点。在这个故事中，裴泾渡是少有的不被困难击倒的人，面对大部分财产化为灰烬的现实,他却能审时度势,冷静地思考,从火灾中看到商机。正如一句话所说:"乐观的人可以在每个困难中看到机会,悲观的人只能在每个机会中看到困难。"

困难在哪里,机会就在哪里,只要换个角度,运用逆向思维,就能看到别人看不到的机会。与在商场中一样,在职场、生活中也要学会用逆向思维来应对一些问题与困难。

有些人进入一家公司后,会像"林黛玉进贾府"一样,做事小心谨慎,生怕自己犯了错误而被同事笑话,或是怕给领导留下不好的印象。所以,不会轻易接受一些有难度的任务,也不敢主动申请有挑战性的工作,更愿意做看起来保险,且自己熟练的工作。而且,他们会天然地认为,这是在职场中生存的一种法则。

其实,这种观点极其荒谬。为什么?

一个不能正视自己问题的人,也无从发现自己的问题,更不会解决遇到的问题。在新的问题中,可以锻炼自己的思维方式,可以学到宝贵的经验,可以扩展自己的能力,所以,应该将问题视为自己成长的机会。每解决一个新的问题,便向成功的顶峰跨进一步。所以你所遭遇及解决的问题越多,你所拥有解决问题的能力就越强,你离目标也就越近,你最终达成目标的可能性也就越大。

所以面对问题,要学会转换思维:困难就是机会,危机就是转机。一个人不敢向高难度的工作挑战,是对自己潜能的一种囚禁。如此,不论你有什么样的才干,也难有大的作为。

生活得不幸福，工作得不顺利，往往不是因为遇到的难题太多，而是我们不善于改变自己的思维方式。许多人活得自信、靓丽，工作如鱼得水，不是他们没有问题，而是因为他们能把问题踩在脚下。人生就是这样，机遇对每个人都是公平的，与其说它更青睐那些有头脑的人，不如说有头脑的人善于逆转思维，能看到并抓住藏在危机背后的机遇。

要反转思维，不要诅咒压力

在现实生活中，大多数人做一件事情时，都会考虑怎么做才能取得成功，或是成功后要如何，而很少去考虑万一失败了该怎么办。如果事情的发展并未如自己预想的那样，便会感到极大的压力。

而善于逆向思维的人，他们会对未来生活中可能发生的负面事件进行设想。通过提前设想最坏的情形，制订具体的防范计划，可以帮助自己克服面对困难时的恐惧和忧虑。所以说，一个人感受到的压力强度，往往与他的思维方式有关。

一位农民常年做生意，赚了一些钱。但是最近他经常说："这几年突然感到压力好大，虽然比十多年前更富有，房子车子也都有了，但就是非常焦虑。"有人问他："难道你以前就没有压力吗？"

他说："以前赚点小钱就很开心。现在网络发达了，看到比以前更广阔和真实的世界，这给了我最直接的精神压力。过去守住家庭，在自己的圈子里有点存款就很满足，而现在却不是。你会想躲在这个圈里，过圈外的生活，让圈里人羡慕。"

9 ▶ 逆着看逆境：新出路在于反思路

其实，这番话说出了许多人的心声：不论你处于什么样的环境，拥有多优越的物质条件，都难以避免一定的压力。既然如此，与其耗费心力去规避这种压力，不如换一种活法，去重新积极思考人生，这样会活得更幸福。

比如，你手头有一件工作，一想到工作的最后完成期限，以及目前的进展，就感到巨大的压力。那如何缓减这种压力呢？不是不去想这件事，而是要学会逆向思维。从零开始，直到完成目标，这是非常困难的。但是，你可以先做一些简单的工作，在这个基础上再不断提升难度，这样，就可以降低焦虑感，并且随着工作的不断进展，再不断增加难度。如此，压力会逐渐减少。

下面是几个利用逆向思维减压的技巧：

（1）想到事情最坏的结果，并为之做好准备

尤其是做一项艰难的选择和决策时，我们常常会倍感压力。原因很简单，因为未来存在一些"不确定性"。我们不知道每个决策会将我们带向何方，不知道每个决策的最终结果。所以，我们会感到焦虑。也就是说，我们觉察到了危险，想避开危险，却不知道从何入手。这就是压力的根源。

面对这样的情况，我们该如何应对好外部的压力，缓解自己的焦虑呢？可以尝试这样的方法：

①认真想一想最坏的情况可能是什么；

②自己能接受的最坏的情况是什么；

③一旦最坏的情况出现，自己能挽回多少。

这是一种典型的"逆向思维"。传统的做法是，收集信息，努力降低不确定性。但在这个过程中,我们同样会受到焦虑的困扰。所以,当你面临决策的时候,可以多想一想:如果我做了错误的决定,最坏的情况是什么?我能不能接受它?

一旦说服自己接受这一点,并且做好心理准备,那你的焦虑将不复存在。因为你明确地知道:情况至此,已经不能再坏了,即使代价巨大,也在我的意料之中。在这个基础上,你每向前走一步,都是在降低出现最坏情况的可能性。

在这种逆向思维的指引下,你会发现,虽然做法没有什么变化,但换了一种心态,换了一个视角,整个人的状态,包括最后的结果,都出现了较大的变化。

(2)一段时间只做好一件事

减法思维也是化解压力的有效方法。减法思维,也是一种逆向思维,该怎么来理解呢?打个比方,我们每天要工作8个小时左右,其实,除去我们喝水、上卫生间、开小差等,每天有效的工作时间往往只有三五个小时。国外有一项调查:在2000名全职员工中,每个人每天能够集中精力、高效工作的时间,平均只有2小时50分左右。这说明了什么?说明我们每天都在要求自己用大概8个小时的时间完成3个小时的工作。

既然如此,那为什么好多人都会感到,一天下来身心疲惫呢?除了工作负载重,问题主要出在心理和思维上。为此,我们不妨换一种思路,可以这样问自己:

"如果每天只上3个小时班,我会做什么?"

"工作中哪些事情是必须要完成的?"

然后,可以集中精力把不得不做的事情完成。这样,其余的时间,就是你所"赚到"的。这种思维方式有一个好处,就是下班后你不但不会觉得累——最重要的任务已经完成,剩下的时间,都可以自由支配了,想干什么就干什么。

(3)一定要避免低效的忙碌

效率是与压力是反比的。你做事的效率越高,相应地,压力就会越小。所以,在缓减精神压力时,一定要避免低效率的勤奋。

按照常规的思路,我们应该会想,怎么做才能更有效率。如果反过来,用逆向思维来考虑这个问题,则为"什么才是低效的表现",然后尽可能去避开它们。

通常,低效的表现往往是这样的:

开2个小时会议,只为解决一个小问题;

不断改变自己的计划;

一天中大部分时间都在处理无关紧要的事情;

上班期间上网、购物、聊天;

……

那么,反过来,要高效率地做事,方法也很简单:

在开始做一件事情的时候,最好先问一问自己:"这件事情,在不在我的'低效清单'上?"如果在,尽量避开,或者减少在上面耗费的时间。这样,可以让自己的精力更集中,做事效率更高。正如美国的著名投资家查理·芒格说的那样:"我需要知道的是,哪条路是死路,然后我不去走就可以了。"

有时候我们不知道哪条路是捷径,走哪条路最好,但一定要知道哪些路不能走,而且要知道如何避开它们。这样,即使我们走的路不是最好的,也一定不会是最差的。

逆转思维

很多时候，我们看待事情的方式决定了我们的情绪，以及我们解决问题的方法。所以，面对压力，不要总是想着如何逃避压力源，而要在压力中认清自己当前的处境，未来的方向，并换个角度看生活、工作带来的压力，从而找到化解压力，或与压力共处的方法。

9 逆着看逆境：新出路在于反思路

需要"坚持"的多了，幸福就少了

生活中，我们会为了某个目标去做许多事情。同时，每做一件事情也会有相应的目标。如，每天要完成多少工作，拜访几个客户，这个月的任务完成了多少。但是在许多情况下，我们只是勉强完成任务，或是根本就没有完成目标。

为什么会出现这种情况？

因为制定目标很容易，而且我们也热衷于制定目标，但在执行的过程中，我们会惯性地"拖"，而且很难从这个怪圈中跳出来。

100个人中，有99个人在设置目标时会采用这样的做法：考虑接下来要做什么事情，然后把它们量化，形成一个个指标，然后再细分下去。比如，一个销售经理会制定这样的目标：

接下来的6个月要完成600万元的销售额；
每个月要完成100万元的销售额；
平均每周要完成25万元的销售额；
……

结果呢，可能只完成了500万元的销售额。如果把目标定得稍微高一点，定为800万元，最后可能会完成650万元。其中的差别在哪里？在于思维。

很多人都有这样的体会：一定要把目标定得稍微高一些，最好是"稍稍踮起脚尖才能够到"，如此一来，才会最大程度地激发自己的潜能。

当然，也不是所有人都有这种心态调整能力。当制定了一个有相当难度的目标时，意味着自己在绝大多数的时间里是完不成目标的，即使完成，也是勉强达到，很难超过目标。在这种状态下，你还能每天保持身心愉悦吗？

这也是我们不断拖延目标的原因——之所以迟迟不愿动手，不是因为能力和习惯，而是因为思维。在我们的潜意识中，目标有点难以实现，我们会排斥它，会缺少行动的激情。这就很容易产生一个后果：我们会不断地通过各种借口、说辞，来说服自己去"坚持"计划。

完成目标，实现自我超越，本是一件让人值得高兴的事，但现在为什么需要我们说服自己，甚至"强迫"自己呢？很简单，目标和计划，从来就不应该和"坚持"画等号，而是一件令人产生愉悦感、愿意自动自发去做的事。

好多人都有过记账的经历。在记账之初，总是信心满满，每一笔账都记得清清楚楚，一分钱也不放过。但是，往往坚持不了多长时间，就变得很随意了，想记就记，不想记也不当回事儿。再过一段时间，会觉得记账是件麻烦事儿。

换个角度想一想，记账不是为了节省开支，是为了心中有数，是为了避免不必要的开支。想清楚这一点，就可以改变记账的方法：不用逐项记录每天的支出，而是记录"节省了多少钱"。

比如，在网购的时候，突然看到一件很漂亮的衣服，价格也便

9 逆着看逆境：新出路在于反思路

宜，才几百块，想买回来。但转念一想：衣服够多了，买回来也是积灰，再说，衣服未必像卖家宣传的那么好。所以，在账本上记下这笔节省的数额。

再比如，到外地出差，想住比较高档一点的酒店，但又觉得：我整天都在外面忙碌，只是晚上回去睡一觉，睡得舒服就行，何必在意它是几星呢？于是，记下这次节省的费用。

这样坚持一段时间，账本上面的数字加起来也不是一个小数目。要知道，其中的每一笔都是自己战胜欲望的见证，都是一次小小的成功。

与这种逆向思维方式相比，传统的做法需要不断鞭策自己去记账，每天都要认真去想：是不是每一笔开支都记录在案了。而使用这种逆向操作的方法，会极大地提升记账的乐趣。如果较长一段时间没有记账，恰恰说明这段时间过得很充实，没有受到物欲的诱惑和干扰。如此，就会不断地产生幸福感。

之所以举上面的例子，是想说，与其把每一次努力，都视为向上攀登的台阶，不如先适当降低自己的期望，享受当下"又走出了一小步"的微小的快乐。这就是逆向思维。平时，我们习惯在达成目标后，或是取得成功后，一次性释放自己的心情。在此之前，我们要不断坚持，不断鼓励自己。

而运用逆向思维看这个问题，则等于先对愉悦感进行分解，并分配到每一个工作阶段，每一个分目标上。这样，每前进一步，都有一种成就感，而不必天天对着那个可望而不可及的目标感叹了。

方法对了,提前"锁定"正确答案

世界上的每一个问题都似乎有一把对应的锁,上帝在造这些"锁"的时候,都会为它配一把钥匙。正确的思维方式是找到那把钥匙的向导。许多看似无解的问题,实则都有一套或多套解决思路,思维方法不对,便无法找到打开问题这把锁的钥匙。

目标逆向法：从结果倒推过程

目标逆向法，也叫目标倒推法，是一种重要的逆向思维方法，它是指从已知事物的相反方向进行思考，从而产生构思的途径。运用这种逆向思维方法，我们可以从结果、目标导向出发，去倒推过程，然后从过程中推导出结果。也就是说，首先要确定或设定一个可以达到的目标，然后从目标倒过来往回想，直至你现在所处的位置，从最终目标出发倒回来进行逆向思维，就能获得前进的路线图。

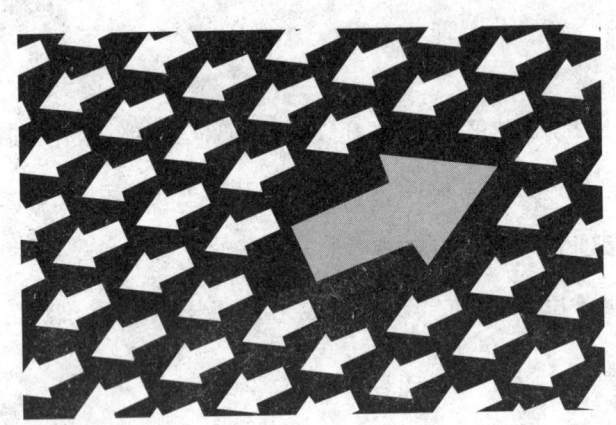

举一个例子。

如果你计划一年内开发120个客户。那么从第1个月开始，你每个月应该开发10个。如果时间已经过了半年，已开发了30个，你还剩下6个月的时间，也就是说，从现在开始，你每月要开发15个，平均两天就要开发1个。

简单来说，倒推法就是从剩余的时间反向推算每天该做的事。在平时的生活与工作中，我们该如何用这种方法来做计划呢？

计划是统揽全局，掌握整体情况，因此，需要根据工作的难易程度，分段设置目标。比如，可设置月度目标、季度目标等。一个完善的计划离不开逆向日程安排。例如，还有两个月就要进行目标考核，那么倒退回去，可以对这两个月的时间进行阶段计划，然后再细化为周计划、日计划。即，从结果来做计划，我们心中要达到什么目标，多久达到这个目标。

再举个简单的例子：

如果你是一位讲师，计划明年赚24万元。现在从目标倒推你的计划：先将1年的时间分解为12个月，然后计划每个月都要完成哪些工作，再对每个月的任务细分，得出一天要完成多少工作，最后可以细化到1小时的工作量。大体流程是这样的：

（1）一年内赚到24万元；

（2）每个月需要赚到2万元；

（3）平均每天要赚近700元；

（4）讲一节课350元，一天至少要讲2节课；

（5）一节课1个小时，备课2个小时，每天至少需要工作6个小时。

这样一来，每天的工作目标就比较清晰了。当然，有时候一天的工作量有时可能会高一点，有时会低一点。但整体而言，每天的工作量还是相对稳定的。

很多人不善于做计划，有些人认为按计划做事太呆板。所以，做事比较随性。结果呢，经常抱怨目标太难完成。其实不是目标难完成，是你的行动步骤没有细化，太粗线条，或者，你做事的计划是由一个外行人制订的，你反而缺少主动权。尤其是在一个团队中，设定目标一定要运用逆向思维：反推复杂的目标——对目标进行拆分——理顺工作脉络——确定每个人的工作量。这也就是我们常说的"目标要下放到人"。

运用这种逆向方法的具体情境是，项目决策、个人创业决策、团队决策、投资决策、项目计划阶段等。

小米是一家知名的互联网企业。在它创立之初，就采用了一种全新的经营模式：饥饿营销。与大多数企业传统的销售思路相比，这体现了一种逆向思维。

小米公司做过这样的测算：如果只靠线下发展，虽然可以获得较高的毛利润，但是这部分利润必须要与别人分享。如此一来，产品的价格就上去了，市场竞争力就下降了。所以，小米靠线下销售产品，手机价格就没有优势，要提高手机的市场占有率，必须要靠互联网。

如果要做电商，对手有京东、天猫这样的巨无霸，公司没有足够的资本、技术与之竞争，那该怎么办？现实逼着小米创始人雷军必须通过口碑营销来吸引用户。

在硬件方面，需要提前三个月下单，但又不能一次上太多，于是又逼着他想出了"饥饿营销"。

所以说，饥饿营销也是逆向思维的结果。每一件事都像一个公式，是雷军一步步推演出来的，即用逆向思维推导企业运营的各个环节。这种营销涉及供货商、团队研发能力、资金实力等。可见，要运营好这么一家企业，需要有超强的逆向思维能力。

在现实生活中，要运用好目标逆向法，不能只对目标进行简单的分解，或是简单地倒推结果，而要综合个人的能力、客观条件等因素，对目标进行准确定位、测算、分解，然后再根据现实条件与要求进行评估、考核等。所以，它是一个系统工程。

方位逆向法：理解不同，结果就不一样

方位逆向，是一种重要的逆向思维方式，简单理解就是两个人完全交换位置，都站在对方的位置上考虑问题。许多情况下，"方位"并不仅仅是指物理空间，而是指一种对立抽象的本质。

在我们的观念中，常见的对立面包括："高"与"低"、"进"与"退"、"大"与"小"、"前"与"后"、"左"与"右"、"阴"与"阳"、"古"与"今"、"长"与"短"、"美"与"丑"，等等。

孔子所说的"己所不欲，勿施于人"就是一种方位逆向。意思是说，自己不想做的事情，也不要强迫别人做。善用方位逆向法的人，他的心中装下的不是一个人，而是很多人。当我们能够与更多的人进行换位思考的时候，也意味着我们心中能装下更多人，我们也会得到更多人的理解。

有这样一个小故事：

一个人请一个盲人朋友吃饭，吃完饭时间很晚了，盲人说："天色已晚了，我现在要回去了。"于是，主人就给他点了一个灯笼，他非常生气地说："我根本就看不见，你却要给我一个灯笼，这不是嘲笑我吗？"

主人忙说："您不要生气，我之所以给你点一个灯笼，是因为我很在乎你，你看不见，别人却能看得见，这样，你在夜里走路别人就不会撞到你了。"盲人听了非常感动！

理解不同，结果就不一样，一件事用不同角度看，就会有不同的见解！这就是方位逆向的魅力所在。在现实生活中，我们习惯站在自己的角度考虑问题。如果我们能够转换一下方位，总是站在他人的立场说话做事，会让自己变得更受欢迎。

有一对年轻的夫妻一起外出时，经常是丈夫开车，妻子坐在副驾驶的位置。每次外出时，不管心情如何，妻子总是会喋喋不休，恨不得把她能想起来的烦心事都倾诉出来。

丈夫一直默默不语，其实他心里非常烦躁，但是又不想表现出厌烦的表情，怕惹得妻子不高兴。于是他只好集中精神，专注地观察行人和道路情况。

有一天，妻子正在厨房烧菜。丈夫来到她的身边，而且还不停地唠叨："哎呀，你能不能慢些啊，火也忒大了！快，快，把鱼翻一下，我就说嘛，一定是盐放太多了！"

妻子忍无可忍，便说了一句："你烦不烦啊，难道我不知道该怎么烧菜吗？一边去，别在这儿指手画脚。"

丈夫平静地说："我只是想让你知道，在我开车的时候，你在一边喋喋不休，我的感觉如何……"

从那之后，妻子再也没有在丈夫开车的时候唠唠叨叨，而是静静地坐在副驾驶座上，让丈夫专注地开车。

不管是在恋爱中，还是婚姻中，男方与女方总是时而甜甜蜜蜜、时而吵吵嚷嚷，而吵架的原因大体都是，从来不为对方考虑，从来都不顾及别人的感受。其实，如果每个人都能真正站在别人的位置上考虑问题，世界上也就不会再有战争和悲剧了。遗憾的是，大多数人总是在抱怨对方不站在自己的角度考虑问题，忘了自己也应该站在对方的角度为对方考虑一下。所以说，"方位逆向"是一件说起来容易，做起来却有点难的事情。

每个人的立场不同，所处环境不同，心情自然也就不同，如果不善于逆向思维，是很难了解对方的感受的。方位逆向是一种互换心理体验的过程。将心比心、设身处地地去理解他人，了解对方的内心世界、思维方式等，才能站在对方的立场上体验和思考问题，从而与对方产生更多的情感共鸣。

可见，掌握方位逆向的关键在于"换位"：在问题面前，要学会站在对立面思考，在对待他人时，要学会站在对方的位置考虑。当然，在一件事情上，可以多次进行这种换位。反复进行逆向换位，是因为我们必须考虑到"对立"的那一方可能也在进行换位思考。所以，这种多次换位，也是方位逆向思想的一种升级，是对换位思想的终极把握。

⑩ 方法对了,提前"锁定"正确答案

心理逆向法:一切禁止都意味着加强

心理逆向法,是指在思考问题的过程中,摒弃自身局限,先探究对方的思想,然后逆着对方的思路而行动。这里的"逆向",不是指换位,而是反其道而行。

在现实生活中,人们普遍存在这样一种心理:房价上涨的时候,都会疯狂地买房;股票上涨的时候,都会投身于股市;越是便宜的东西,越觉得没有价值;某种商品越是供不应求,购买的欲望越强烈……针对这种心理,就可以使用逆向心理法。如一些成功的老板,就非常善于利用员工的这种心理来激励员工。

在心理博弈中,心理逆向法可以让自己赢得主动,从而牵引对方的思路,让其做出自己预期的反应。这要求其中的一方不但要清楚对方的心理,也要明白对方的思维逻辑。

《中国经济时报》曾刊登过这样一个故事:

一位记者到一个偏远的山村采访,见田地里种的全是油菜,这种油菜秸秆细弱,于是他问同行的乡长:"为什么不让农民种杂交油菜呢?"乡长说:"农民根本不会相信!"

后来,那位乡长给记者去了一封信,说临近山区的几个村变成了养羊基地,规模非常大!这位记者一去才获知,原来乡里决定从这几个村选一些农户饲养某个品种的山羊。经过一个多月的筹划，最终选择了4户，每户可以养羊100只。接着，乡里还组织这几个村的一些村民组成联防队员，轮流值班看羊。羊生下了小羊后，养羊户不可私自出售，乡里说要出口到国外。

村民见了都非常羡慕，于是，都托亲好友到养羊户家中说情，好说歹说也要买几只山羊饲养。结果，养这种山羊的农户越来越多，当地也成了闻名的养羊基地。

在这个故事中，这个乡长之所以能说服思想保守的村民养羊，就是因为运用了心理逆向法。大多数情况下，我们都有这样一种心理：别人越是想说服我们，我们越是抗拒，越是得不到的东西，越是想得到。许多悖论性的心理法则也在间接地证明逆向思维的存在。比如，格里森法则：非常小的洞也终将会把最大的容器内的水流完，除非它是故意用来排水的，而在这种情况下，它又会堵塞。再如，梅尔法则：要不是最后一分钟，那就什么事也做不成。

引申而言，心理逆向法可以料敌在前，抢占先机，是一种先发制人策略，它先置自己于攻的位置，然后再图防守，始终让对方依据自己的行动来做决定，这就为自己赢得了先机。

1956年斯大林逝世后，赫鲁晓夫在苏联共产党的一次代表大会上揭露并批判了斯大林的一系列错误。在会上，有人从听众席上递了一张纸条给讲台上的赫鲁晓夫。赫鲁晓夫打开一看，上面写着："当时你在什么地方？"这个问题，赫鲁晓夫绕是绕不过去的，如果选择回避，就等于承认了自己的懦弱。

只见他拿起纸条，大声念了一遍上面的问题，然后对着台下的人说:"这是谁写的纸条?请你马上到台上来!"会场非常安静,没有一个人站出来。这时,写条子的人开始忐忑不安,他害怕赫鲁晓夫会继续查下去。接着,赫鲁晓夫又大声读了一遍:"请写纸条的人站出来!"会场仍然一片寂静。几分钟过去了,赫鲁晓夫又开口了:"好吧,就让我来回答你的问题,我当时就坐在你现在坐的那个地方。"

在这个故事中,赫鲁晓夫利用自己的权势重现了当年他所处的环境,让现场的人能够理解他当时为什么会做出那样的选择,即让人们从另一个角度来理解他的无可奈何。

所以说,心理逆向思维法立足于对对方心理的预测和反馈,并依此布局,先攻其不备,在对方防不胜防时将他一军。

逆转思维

方法逆向法：倒过来，答案就出现了

方法逆向法是生活、工作、学习中较常见，却又容易被我们忽视的一种逆向思维方法。与常规的思维方法不同，该方法需要先找出问题，再从问题向已知条件推导，从而找到解决问题的办法。

先来看一个故事：

有一个工人要为财主干7天活，报酬是一块金条。工人有一个要求：每天做完活，必须结账。财主只愿意付当天的报酬，不愿意预付。如果只能在金条上切两刀，且金条不能卷，不能磨粉，请问财主该怎么做？

看到这个问题，大多数人会本能地想到：在一块金条上切两刀，无论如何也不会平均分成7份。如果循着这个思路考虑这个问题，会觉得问题无解。其实，我们可以逆转一下思维，这样来考虑问题：把金条切成三份，分别为1/7、2/7和4/7，然后进行组合。

比如：第一天可以给工人1/7；第二天给他2/7，让他找回1/7；第三天再给他1/7；第四天给他4/7那块，让工人找回1/7和2/7两块金条；第五天，再给他1/7；第六天和第二天一样，给他2/7，让他找回1/7；第7天给他找回的那个1/7。至此，问题完美解决。

10 方法对了，提前"锁定"正确答案

据说托尔斯泰曾设计了一道题：

从前有个农夫，死后留下了一群牛，他在遗书中这样写道："妻子得全部牛的半数加半头；长子得剩下的牛的半数加半头，正好是妻子所得的一半；次子得还剩下的牛的半数加半头，正好是长子的一半；长女分得最后剩下的半数加半头，正好等于次子所得牛的一半。"

结果一头牛也没杀，也没剩下，问农夫总共留下多少头牛？

按常规的思路，要解答这道题，首先得假设一些情况(比如，假设共有50头牛)，然后再对它们逐一验证和排除，这种方法虽然可行，但是太过烦琐，既消耗精力，又浪费时间，只能算是一个比较笨的方法了。

如果用方法逆向法来解答这道题，过程会变得很简单，现在咱们从后往前推算：

长女：既然她得到的是最后剩下的牛的半数再加半头，而且1头都没杀，也没有剩下，那结果只有一种，即她得到的是1头牛。

次子：长女得到的牛是次子的一半，那么，次子得到的就是长女的2倍，当然是2头。

长子：次子得到的牛是长子的一半，那么，长子得到的就是次子的2倍，那就是4头。

妻子：长子得到的牛是妻子的一半，那么，妻子得到的就是长子的2倍，也就是8头。

将这四个人得到的牛的头数相加，结果是15头。这个结果正是

农夫留下的牛头数。

    通过逆向思维,一个看似复杂的问题,就这样被快速地解决了。在生活中,用这种思考方法解决问题的例子随处可见。在中学时,我们都学过数学证明中的反证法,其实就是应用方法逆向法的典型例子。比如:证明一个三角形至少有两个角大于或等于60度。如果用正向思维来思考这个问题,需要证明每一个三角形,显在这是无法做到的。但是,采用逆向思维,我们可以提出一个相反的假设,即一个三角形的三个角可以都小于60度。如果这种假设不成立,则证明这个假设是错误的,而原假设是正确的。

    如果这个相反的假设成立,那么至少有一个三角形的三个角的和小于180度,这与三角形的"三个角的和等于180度"的定理是相违背的,所以,反向假设并不成立,原题得证!

    方法逆向法也是工农业生产,以及一些科学研究经常用到的方法。很早之前,工厂在生产平板玻璃时,只能采取两种制造工艺:普通玻璃制造法和厚玻璃制造法。普通玻璃制造法采用控制法或垂直向上法,通过伸展、熔融形成玻璃。这种制造方法的缺点是,玻璃在伸展过程中很容易出现变形。厚玻璃制造法将熔融玻璃铸造成厚板,然后再进行研磨和抛光,用这种方法生产出来的玻璃合格率较低。

    针对这些特点,英国的一家玻璃厂商做了一些逆向思考,即采用水平拉伸的方法,而不采用垂直向上伸展的方法。1952年,该厂提出了浮法玻璃生产法。这种制造法以液态的锡的平面为平面,然后让熔融玻璃漂浮在液态锡面上。由于液态锡表面平整,因而制成的玻璃表面也非常平滑。熔融玻璃在锡面上逐渐冷却,最后成为光洁的玻璃。这种方法完全省略了机械研磨，提升了玻璃的质量。目前，这也是制造玻璃的主流方法。

在使用这种方法时，要获得"事物的相反方向"，常常需要在事物的功能、结构、因果关系三个方面进行反向思维。比如，市面上出售的某种无烟煎锅，其实就是将原本安装在煎锅下方的热源转移到锅的上面。这是利用逆向思维，对结构进行反转思考的产物。

过程逆向法：在更高层次上统一和转化

过程，即事物发展所经历的程序。过程逆向，就是颠倒人们一贯认为的、固定不变的某套程序。在思维世界中，过程不是被固化的，可以随时被颠倒过来，这种思维方法叫作"过程逆向法"。

如果给它一个明确的定义，可以这样解释：从事物运行的过程进行逆向思考，当它从一种状态变为另一种状态时，思考与之相反的过程。现实生活中，许多科技发明都离不开这种思维方式。比如：电能产生磁场，磁场也可产生电能；化学能转化为电能，电能转化为化学能。

1820年，丹麦哥本哈根大学物理教授汉斯·奥斯特无意中发现了一个有意思的现象：如果给一根金属线通电，放在它边上的磁针会发生偏转。很快，这个发现就传到了欧洲，许多科学家都为之着迷。英国物理学家迈克尔·法拉第就是其中之一。他按照奥斯特的方法重新做了这个实验，并给出了科学的解释，从而证明：导电金属线能够产生磁场，环绕的通电线圈能将被环绕的铁磁化。

当时，德国古典哲学中的辩证思想已传入英国，法拉第深受这种思想的影响,所以,他认为电和磁之间一定存在某种联系,而且可以相互转化。所以,他提出一个假设:既然电流能产生磁场,那么倒过来,磁场会不会产生电流呢?1821年,他开始做磁产生电的实验。

但是,他做了许多次实验,结果都失败了。有些人劝他还是放弃吧,并且说,只有电流能产生磁场,磁场不会产生电流。法拉第却坚信电和磁之间肯定能相互转化。1831年,他设计出了一种全新的实验:将一块条形磁铁插入一只缠着导线的空心圆筒中。结果让他惊奇的一幕发生了——电线两端连接的电流计上的指针发生了微小的偏转!电流产生了!

之后,他又设计了许多实验,如让两个线圈做相对运动,证明磁作用力的变化也能产生电流。后来,法拉第提出了著名的电磁感应定律,并依此发明了世界第一台发电机。直到今天,他的许多发明依然在影响着我们的生活。

法拉第之所以能成功发现电磁感应定律,主要得益于他的逆向思维。他不受困于常规思维的束缚,而是用大多数科学家都没有想到的过程逆向来思考问题。正如伏尔泰所说:"可以从一个人提出的问题而不是给出的答案来判断这个人。"

与法拉第一样,彼德·诺顿也是一个运用逆向思维取得成功的人。他曾经以3亿美元出售了他的电脑软件。这是一套被称为"恢复删除"的软件,他把过程逆向法运用于其中,目的是恢复被意外删除的电脑文件。

曾经,由于操作不当而删除了一些重要文件是许多人的噩梦,而恢复被删除的文件,却被视为妄想。但是,诺顿却让人们

逆转思维

摆脱了噩梦，把妄想变成了现实。在诺顿的思维世界里，前与后、进与退、出与入、有与无，可以在更高层次上获得新的统一和转化。

所以说，过程逆向法是一种重要的逻辑思维方法，它打破了常规的思考逻辑，或是操作流程，以问题倒推过程，用逆过程的方式来解决常规思路无法解决的问题，从而达到出奇制胜的效果。

10 方法对了,提前"锁定"正确答案

因果逆向法:倒因为果,倒果为因

因果逆向法,是在一定条件下,倒因为果,倒果为因,化不利为有利,化被动为主动的一种思维方法。使用这种方法的目的,并不是为了克服事物的缺点,恰恰相反,它是为了化弊为利,逆转思维来寻找解决问题的方法。

当你陷入思维的死角,不能自拔时,可以尝试一下这种逆向思维法,来打破原有的思维定势。比如,金属腐蚀是坏事,但人们利用金属腐蚀原理进行金属粉末的生产,或进行电镀等其他工艺,无疑是逆向思维法的一种应用。在现实生活中,这种方法有着非常广泛的应用。

北宋名臣范仲淹在治理浙西时,恰逢当地闹饥荒。但是,他没有急于赈灾,而是办起了百姓龙舟比赛,自己每天在湖上喝酒吃肉。同时,他还命人大兴土木,扩建寺庙。

监管官员得知这件事后,非常愤怒,向上面打报告说:"范仲淹不顾百姓生死,大兴土木,不但不抚贫恤苦,而且只知宴饮作乐。像这种昏官必须得到严惩。"

范仲淹知道这件事情后，他对人说："你们的书都白读了，连这点道理都不懂？荒年灾月，官府最应该做的，不是救济灾民，而是刺激经济嘛，要想让百姓吃饱饭，先得让他们手里有钱。钱从哪里来？当然要从富人那里赚了。我办龙舟赛，在湖上大搞宴饮，就是为了增加就业，好让百姓有收入。"

在这个故事中，范仲淹反其道而行，许多人之所以有点看不懂，就是因为他们不善于运用逆向思维。沿着事物既定的发展方向思考问题，寻求解决的方法，是人们正常的思维模式。这种方式虽然有经验可寻、有常识可用，但对于某些特殊的问题来说，却不是最好的思维方式。

应用因果逆向法的最辉煌的案例要数人类对疫苗的研究了。人类在抗击各种病毒的努力中，有效地运用了因果逆向思维方法——以毒抗毒，以其人之道还治其人之身。

早在宋朝的时候，有人就开始想到用事物的结果去对抗事物的原因。据史料记载，当时有人将天花病人皮肤上干结的痘痂收集起来，磨成粉末，然后取一些吹入天花病患者的鼻腔。后来这种天花免疫技术经中亚传入欧洲。1798年，英国医生詹纳用同样的原理研制出了更安全的牛痘。

18世纪，天花在欧洲造成的死亡率非常高。当詹纳从伦敦回到家乡后，他发现：村里的牛得了与天花一样的病，挤奶女工在接触到牛身上的疱疹后，身上也会长出小一些的瘤疹，这就是牛痘。而被感染过牛痘的人，几乎都没有传染天花。而且他还发现，牛痘的症状比天花轻许多，牛和人都不会死亡，而且人痊愈后身上不会留下任何疤痕。

经过潜心研究,并反复做试验,他验证了长过牛痘者不得天花的事实。1790年,詹纳为儿子接种了天花病皮痂,他的儿子果然没有得天花。詹纳将这种防御天花的做法叫"种牛痘"。詹纳在1798年发表的《天花疫苗因果之调查》一书中公布了他的试验结果,从此,牛痘接种技术得到了迅速传播。詹纳也因此被称为"免疫学之父"。

疫苗的研究方法仅仅是一个代表,更多的疾病研究和更广泛的领域也同样离不开因果逆向思维方法。比如,为了增加灯泡的寿命,按照正常思路,我们总是想解决灯丝的质量问题,或者改进灯泡的制作工艺。如果采用逆向思维,分析电压与灯泡使用时间的关系,会发现电压上升的幅度,耗电量增加的幅度,与灯泡的寿命之间存在一定的关系。这样一来,可以通过改变灯泡两端电压,来提高灯泡的寿命。根据这种因果分析,再去研究降低(或增加)电压的办法,这样就避开了正向思维可能遇到的种种障碍。

其实,许多发明创造都离不开因果逆向思维——从发明的结果进行思考,分析这项发明有什么特点、功能,以及用什么方法来实现这些特点与功能,在此基础上再去考虑它的外观和结构。

在生活与工作中,当我们循规蹈矩地去解决一些棘手的问题时,往往收效甚微,或是落入某种思维陷阱,如果能反转思维,从结论向问题推导,问题往往会变得明朗而简单。

逆转思维

对立互补法:"逆向"是一种"互补"

对立互补法,又叫雅努斯式思想法。在罗马神话中,雅努斯是一尊两面神,传说,他有两副面孔,脑袋前面一副,用来注视未来,脑袋后面一副,用来凝视过去。古罗马钱币上可以看到他,一手握着开门的钥匙,一手执警卫长杖,站在过去和未来之间。

对立互补法,即以把握思维对象中对立的两个面为目标,然后沿着逆向路径研究问题,并将常规思考和逆向思考有效结合起来。也就是说,在使用这种方法时,既要遵循常规的思路,也要反转思维,以便看到事物的正反两面。

有一个年轻的画家的作品总是很难卖出去。有一次,他偶然认识了一位犹太商人。

犹太商人见他整天愁眉不展,就问他:"遇到什么难事了?"

画家便向犹太商人大倒苦水:"我画一幅画,只需要半天的时间,但是,要卖掉画却需要整整一年的时间,你知道为什么吗?"

犹太商人略微想了下,对他说:"你完全可以倒过来试试啊。"

画家有些不解,问:"倒过来?!"

犹太商人说:"是的,颠倒过来!如果你花一年的时间去画画,那么你只用一天的时间就可以把它卖掉。"

年轻人吃惊地望着对方,说:"什么?用一年的时间画一幅画,这也有些太夸张了吧!"

犹太商人平静地说:"是的!创作是非常辛苦的,且没有任何捷径可走,试试吧,年轻人!"

画家听从了犹太商人的忠告,回家之后,苦练画画的基本功,深入搜集素材,周密构思,他花近一年的时间创作了一幅画,果然,用了不到一天时间就卖掉了,而且比他卖100幅的价钱都高。

任何事情都要从两个方面看,而且这两个方面往往是相互对立、相互制约的。在这个故事中,最初,画家只追求创作的速度,作品比较粗糙,所以,很少有人会看上他的画。后来,他提升了创作的水平,虽然花费的时间多了,但是卖画的时间也少了许多,价格高了不少。可见,创作时间、用心程度、收入水平既是相互关联、依存的,也是相互对立的。

在现实生活中,面对一些问题时,要学会从正反两个方面考虑问题,不要一味地去追求捷径。许多时候,你越是想走捷径,越会带来问题,越无益于目标的达成。所以,当事情比较难缠时,不妨"倒过来"想办法!

那么在解决具体问题过程中,该如何运用对立互补法呢?

第一步是建立逆向意识。即,要认识到任何事物都是由正反两个方面构成的,你现在面对的问题的某个方面,一定存在一个与它相对立的面。当你面对一个难题时,同时也会面对这个难题的各种条件、问题、原因等。你要做的工作是,对这些已知的条件、问题、原因进行重新洗牌,并用逆向思维进行思考。

第二步分析并把握各个对立面之间相互渗透的关系,进而找到解决问题的逻辑。在这里，要特别注意：对立是为了共存。认识到这一点，才能用逆向思维理顺"逆向"与"互补"之间的脉络。

运用对立互补法的第三步，解析各种因素之间的关系，以及相似之处、正与反、相互作用等，然后进行重组建构，创造出新事物，或是提出新的解决问题的思路与方法。

对立互补法是一种实用、高效的思维方式，但是运用起来比较困难，因为它要求你的头脑中同时出现事物的正反两个方面。所以，平时很少逆向思维的人，不善于运用这种思维方式分析、解决问题。